Über dieses Buch

Als die hier nun nach langer Zeit wieder vorliegende Studie zum ersten Mal 1907 publiziert wurde, fand sie breite Aufmerksamkeit in der wissenschaftlichen Öffentlichkeit. Der Name Alfred Adler wurde von nun an mit großem Respekt neben Sigmund Freud genannt, dessen begabtester Mitarbeiter der Autor seit 1902 war. In dieser Studie bereits entwickelt Adler auf breiter Quellenbasis in Ansätzen jene Form seiner Neurosenlehre, die er später ›Individualpsychologie‹ nannte, und die dann 1911 zum offenen Bruch mit Freud führen sollte.

Adlers These lautet: Aus dem Versuch, einen körperlichen Schaden oder Mangel – eine Organminderwertigkeit – zu kompensieren bzw. zu überwinden, kann sachliche Überlegenheit, ja Genialität hervorgehen, aber ebensogut auch seelische Erkrankung: die Neurose. Obwohl Adler später die Erziehungsschäden immer mehr in sein Denken einbezog, blieb die Überwindung von Organminderwertigkeit bis zuletzt sein bevorzugtes Beispiel für die lebensentscheidenden inneren Bewegungen, die aus dem unerträglichen Gefühl der Unzulänglichkeit und Unterlegenheit (Adler umschreibt dies mit dem berühmt gewordenen Begriff ›Minderwertigkeitsgefühl‹) schon früh und ganz absichtslos hervorgehen können.

Über den Autor

Alfred Adler wurde 1870 in Wien geboren. Er entschied sich früh für den Arztberuf, den er dann lange Jahre in Wien ausübte. Sigmund Freud forderte ihn 1902 auf, seiner Studiengruppe beizutreten; im Laufe der gemeinsamen Arbeit entwickelte Adler aber seine eigenen Ansichten, so daß es 1911 zum Bruch zwischen den beiden kam. Adler begründete nun seine eigene Auffassung der Individualpsychologie mit einer eigenen Schule und einer eigenen Zeitschrift. Ab 1925 reiste er häufig nach Amerika, wo er sich 1935 endgültig niederließ. Hier fand seine Psychologie große Beachtung und Anerkennung bis in die Gegenwart. Während einer Vortragsreise starb Alfred Adler 1937 in Aberdeen.

Von Alfred Adler erschienen außerdem im Fischer Taschenbuch Verlag: *Menschenkenntnis* (Bd. 6080), *Über den nervösen Charakter* (Bd. 6174), *Der Sinn des Lebens* (Bd. 6179), *Individualpsychologie in der Schule* (Bd. 6199), *Heilen und Bilden* (Bd. 6220), *Praxis und Theorie der Individualpsychologie* (Bd. 6236), *Die Technik der Individualpsychologie* I: ›Die Kunst, eine Lebens- und Krankengeschichte zu lesen‹ (Bd. 6260), II: ›Die Seele des schwererziehbaren Schulkindes‹ (Bd. 6261), *Religion und Individualpsychologie* (Bd. 6283), *Kindererziehung* (Bd. 6311), *Das Problem der Homosexualität und sexueller Perversionen* (Bd. 6337). Vergleiche auch: Manès Sperber, *Alfred Adler oder das Elend der Psychologie* (Bd. 6139) sowie Henry Jacoby, *Alfred Adlers Individualpsychologie und dialektische Charakterkunde* (Bd. 6230).

Alfred Adler

Studie über Minderwertigkeit von Organen

Mit einer Einführung
von Prof. Dr. Dr. h. c. Wolfgang Metzger

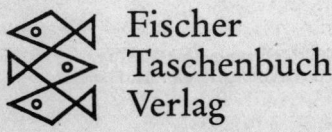

Fischer
Taschenbuch
Verlag

Fischer Taschenbuch Verlag
Juni 1977

Umschlagentwurf: Jan Buchholz/Reni Hinsch

Fischer Taschenbuch Verlag GmbH, Frankfurt am Main
Lizenzausgabe mit freundlicher Genehmigung des
Estate of Alfred Adler, New York
Nach dem Text der 2. Auflage bei J. F. Bergmann, München 1927
© Dr. Kurt Adler
© für diese Ausgabe:
Fischer Taschenbuch Verlag GmbH, Frankfurt am Main 1977.
Gesamtherstellung: Hanseatische Druckanstalt GmbH, Hamburg
Printed in Germany
6349-480-ISBN-3-436-02490-2

Inhalt

Vorbemerkungen des Herausgebers 7
Vorrede 17
Einleitung 19

Grundzüge einer Organ-Minderwertigkeitslehre . . 25

   [Vorüberlegungen]
   I. Heredität 38
   II. Anamnestische Hinweise 49
   III. Morphologische Kennzeichen 53
   IV. Reflexanomalien als Minderwertigkeitszeichen 69
   V. Mehrfache Organminderwertigkeiten 83
   VI. Die Rolle des Zentralnervensystems in der
      Organ-Minderwertigkeitslehre – Psychogenese
      und Grundlagen der Neurosen und Neuropsychosen 89

Biologische Gesichtspunkte in der
Minderwertigkeitslehre 102

Anhang 106

   Zur Minderwertigkeit des Harnapparates –
   Schicksale der Enuretiker und ihres Stammbaumes 106

Personen- und Sachverzeichnis 126

Vorbemerkungen des Herausgebers

Der folgende Text ist ein unveränderter Neudruck von ALFRED ADLERS »Studie über Minderwertigkeit von Organen«, die in erster Auflage 1907 und in zweiter 1927 bei BERGMANN in München erschienen ist. ADLERS »Studie« (so wollen wir sie künftig kurz nennen) erscheint in der Neuausgabe seiner Schriften im Fischer Taschenbuch Verlag nicht als erster, sondern als zwölfter Band. Das ist kein Zufall.

ADLER und die wissenschaftliche Öffentlichkeit seiner Zeit haben die »Studie« bei ihrem Erscheinen gewissermaßen als Gründungsmanifest seiner neuen Neurosenlehre betrachtet, deren erste (und einzige) *umfassende* Darstellung erst fünf Jahre später, 1912, in seinem Hauptwerk »Über den nervösen Charakter« vorlag, – in dem zugleich der Name »Individualpsychologie« zum ersten Mal auftritt[1].

Welche Stellung in der Entwicklung von ADLERS Lehre die »Studie« wirklich einnimmt, läßt sich nur klären, wenn man das gedankliche Umfeld, also die unmittelbar vorausgehenden und folgenden Schriften in die Betrachtung einbezieht.

Zu berücksichtigen sind dabei:
1. Der *vorausgehende* Vortrag »Der Arzt als Erzieher« von 1904[2];
2. und 3. die 1908, also ein Jahr *nach* der »Studie« folgenden, einander gegenseitig ergänzenden Abhandlungen

---

[1] So CARL FURTMÜLLER, einer der ersten und bedeutendsten Mitarbeiter ADLERS, in einem mir vorliegenden Manuskript über »Alfred Adlers Werdegang«, das der englischen Darstellung in H. L. und R. ANSBACHER, »Superiority and Social Interest« (Evanston, Ill. 1964, S. 330–391) zu Grunde lag. Das würde bedeuten, daß die Ausdrücke »Individualpsychologe« und »individualpsychologische Methode« in der Einleitung zu dem Aufsatz »Die psychische Behandlung der Trigeminusneuralgie« in dessen ursprünglicher Fassung – die mir im Augenblick nicht zugänglich ist – noch nicht enthalten gewesen sein können, da diese schon 1910 entstanden ist, also *vor* der Trennung von FREUD, durch welche die Frage nach einem eigenen Namen erst fällig wurde.

[2] Neudruck in der Sammlung »Heilen und Bilden« ([1]1914, [2]1922 und [3]1928) Fischer Taschenbuch Bd. 6220 (1973), S. 201–209.

»Der Aggressionstrieb im Leben und in der Neurose« und »Das Zärtlichkeitsbedürfnis des Kindes«[3];
4. der große Aufsatz von 1909 »Über neurotische Disposition«, in dem der entscheidende Schritt zu der später »Individualpsychologie« genannten Persönlichkeitstheorie vollzogen wird[4];
5. die zuerst 1910 erschienene Abhandlung über »Die psychische Behandlung der Trigeminusneuralgie«, in der das in der vorigen Schrift Erreichte ausgebaut und geklärt wird[5].

(Der im gleichen Jahr wie die »Studie« – 1908 – erschienene Aufsatz »Die Theorie der Organminderwertigkeit und ihre Bedeutung für Philosophie und Psychologie« bringt nichts Neues. Sein Wert liegt in der straffen und übersichtlichen Zusammenfassung des Inhalts der »Studie«[6].)

Wie sieht nun, wenn man diese Schriften mit einbezieht, die Gedanken-Entwicklung ADLERS aus, und welches ist die Stellung der »Studie« in ihr?

Überraschenderweise steht die Schilderung wünschenswerter Erziehungsziele und -verfahren, die ADLER im Jahr 1904 als Arzt den Erziehern geben läßt, dem Bild des geistig-seelisch gesunden Menschen, das aus seinen späteren Schriften hervorgeht, erheblich näher als die Ausführungen der »Studie« von 1907.

Der junge Mensch, der in einer gesunden erzieherischen Atmosphäre aufwächst, ist 1904 vornehmlich gekennzeichnet durch Selbstvertrauen, persönlichen Mut und den Drang zur Selbständigkeit und zur Freiheit der Entschließung, durch Ehrgefühl und Anstrengungsbereitschaft. Er ist fähig, die Erfüllung seiner Wünsche in Ruhe abzuwarten, fest gegenüber Irreleitungen unbefugter Miterzieher und durchdrungen von ungehemmtem Erkenntnisstreben. Er gehorcht nicht unter dem Zwang der Furcht vor dem Erzieher, sondern freiwillig, weil er Vertrauen hat. Weder wird er von seinen Eltern durch Härte (Schläge, Einsperren, Verhöre, unverständliche Befehle, unausführbare Drohungen, pausenlose Ermahnungen) gedemütigt, noch wird er von ihnen durch Lobhudelei und überflüssige

---

3 ebda., S. 53–62 und S. 63–66.
4 ebda., S. 67–84.
5 Wieder abgedruckt in der Sammlung »Praxis und Theorie der Individualpsychologie« (1920), Fischer Taschenbuch Bd. 6236 (1974), S. 91–111.
6 Fischer Taschenbuch Bd. 6220, S. 42–52.

Hilfeleistungen verhätschelt. Er genießt ihre Gegenwart, ihre Liebe, ihr Vertrauen, ihre (gegenseitige) Verträglichkeit und ihre Gerechtigkeit gegenüber den Geschwistern, ihr gutes Beispiel und ihre Offenheit für seine Fragen. Kurz, seine Eltern verhalten sich so, wie sie sich – nach der später ausgebauten Persönlichkeitstheorie – verhalten *müssen*, um jede Neurose-Anfälligkeit auszuschließen. Und das Ergebnis ist – nach ADLER – ein junger Mensch, der seiner selbst so sicher ist, daß er keine Zeit hat und auch gar nicht in Versuchung gerät, sich mit sich selber zu beschäftigen und Vergleiche zwischen sich und den anderen anzustellen.

Hier werden Haltungen des ganzen Menschen geschildert, von denen in der »Studie« von 1907 nichts vorkommt. Es treten dort zwar auch einige psychologische Begriffe auf, vor allem der Begriff des Kinderfehlers und der Begriff der Genialität. Im übrigen aber bewegen sich die Überlegungen der »Studie« ausschließlich auf anatomischem und physiologischem oder, in der Sprache ADLERS, auf morphologischem und funktionellem Gebiet.

Der Ertrag ist beachtlich.

1. Es wird am Beispiel der Niere und der Blase sowie ihrer Störungen, insbesondere dem Einnässen, gezeigt und dann auf die Gesamtheit der Organ-Systeme des lebenden Körpers verallgemeinert, daß es so etwas wie eine (vererbte) *Minderwertigkeit* (Unterentwicklung, Verkümmerung, Funktionsschwäche) von bestimmten, einzelnen Organen (Organsystemen, Organgruppen, Organteilen, auch von Segmenten) gibt. Für diese Minderwertigkeit kann eine ganze Reihe von Merkmalen gefunden werden. Die Annahme solcher lokalisierbarer Organminderwertigkeiten macht – ADLER zufolge – viele bis dahin offen gebliebene Fragen der Krankheitslehre beantwortbar.

2. Es wird der Begriff des Ausgleichs oder der *Kompensation* eingeführt und der umfassende Versuch gemacht, die Kompensation der verschiedensten nicht ausreichenden örtlichen Teilfunktionen als eine der bedeutsamsten Eigentümlichkeiten organischen Lebens nachzuweisen. Dabei werden verschiedene Formen des Ausgleichs unterschieden: durch das Einspringen symmetrisch gelegener *gleicher* Organe, durch die Hilfelei-

stung zugehöriger, genügend ausgebildeter Organ*teile*, durch Inanspruchnahme eines *anderen* Organs; durch übernormale Anspannung und Ausnutzung *(Training)* des minderwertigen Organs selbst und endlich durch kompensatorische Änderungen in den *übergeordneten* Bahnen und Zentren des Zentralnervensystems; und zwar a) durch verstärkte Funktion vorhandener Strukturen; b) durch strukturelle Neubildungen (Entwicklung eines »Überbaues«); c) durch beides.

3. Es wird dazu der Begriff der *Kompensations-Energie* eingeführt, und es wird von der Verfügbarkeit und von »Verschiebungen« dieser Energie gehandelt ziemlich genau in der Art, in der FREUD von Beträgen und Verschiebungen der Libido spricht, einer Art, die ADLER selbst wenig später – in der Auseinandersetzung mit FREUD von 1911 und den folgenden Jahren – aufs entschiedenste ablehnt.

4. Es wird die Möglichkeit der *Überkompensation* erörtert, wobei es offen bleibt, ob diese eher einem Überfluß an Kompensations-*Energie* oder einem Übermaß an *Übungs-Bemühungen* – einschließlich der überstarken Aufmerksamkeit und Konzentration auf das gestörte Organ – zu verdanken ist.

5. Aus der Annahme einer Überkompensation auf Grund zentraler Umstellungen, also einer reaktiv erreichten *Überwertigkeit* zentraler Bereiche, leitet ADLER dann seine *Theorie der Genialität* ab, die er mit eindrucksvollen, wenn auch für einen wissenschaftlichen Beweis nicht ausreichenden Beispielen stützt. Er selbst ist sich im Hinblick auf diesen Zusammenhang seiner Sache so sicher, daß er – ohne Fragezeichen – von Berufen spricht, »zu deren Erfüllung das Entgegenkommen eines minderwertigen, aber überkompensierten Organs nötig ist«.

Die *Hoffnung,* aus den Sachverhalten der funktionellen Organminderwertigkeit und der zu ihrer Kompensation einsetzenden Vorgänge auch zu einer Theorie der Neurosen und Psychosen zu gelangen, wird wiederholt (S. 90, 98) zum Ausdruck gebracht, aber, soweit ich sehe, im Rahmen der »Studie« noch nicht erfüllt:

Im Abschnitt II des Hauptteils, »Grundzüge einer Organ-Minderwertigkeitslehre«, wird es (im Druck hervorgehoben) als sicher bezeichnet, »*daß das Ensemble der Erscheinungen der Organminderwertigkeit auf die Psyche derart abfärbt, daß deren ganze Struktur ein eigenartiges Gepräge erhält. Diese erworbene psychische Struktur wird in der Folge zur Grundlage der Neurosen und Psychosen*« (S. 51).

An anderer Stelle wird die Vermutung ausgesprochen, daß beispielsweise der durch irgendeine Schwäche des Sehorgans angeheizte Schautrieb im günstigen Fall einen großen Dramatiker (z. B. SCHILLER) hervorbringe, im ungünstigen Fall einen halluzinierenden Paranoiker. Worin aber die hierbei entscheidende Gunst oder Ungunst der inneren Begleit-Bedingungen besteht, bleibt offen.

Schließlich versucht ADLER doch, konkreter zu werden, und zwar durch die Vermutung, daß unter Umständen die Kompensationsbemühungen auf halbem Wege steckenbleiben. Als nächstliegende Ursache dafür bietet sich die Möglichkeit an, daß die verfügbare Menge an Kompensationsenergie nicht ausreicht. Auf diesem Weg kommt aber keine befriedigende Theorie der voll ausgebildeten Fehl-Entwicklungen, also der »ausgewachsenen« Neurosen und Psychosen zustande, sondern nur eine Erklärung bestimmter Teil-Erscheinungen: so etwa die Beibehaltung ausgesprochener »Kinderfehler« (wie das Nägelkauen, Stottern, Einnässen) bis ins Erwachsenenalter oder deren Wiedererscheinen bei seelischer Überbeanspruchung (bei Angst, Schreck, Überforderung), nachdem sie längst abgelegt waren.

Kurz: Von den Begriffen der Individual-Psychologie sind erarbeitet der des *Mangels* und der des *Ausgleichs*, aber sie werden noch nicht auf die Stellung des Menschen unter seinesgleichen, sondern nur auf die Rolle von Organen im Gesamtverband des Organismus angewendet.

Aus den vorliegenden Schilderungen der Zusammenarbeit von FREUD und ADLER erfahren wir, daß die »Studie« die Anerkennung des Meisters gefunden habe, daß er mehrfach lobend darauf eingegangen sei und daß er ADLER ermuntert habe, auf diesem Gebiet weiterzuarbeiten. Obwohl ihm im Umgang mit seinen Mitarbeitern – wie er selbst gelegentlich zugibt – taktische Erwägungen durchaus nicht fremd waren, tut man meines Erachtens FREUD unrecht, wenn man ihm unterstellt, seine Ermunterung habe in diesem Fall insgeheim darauf abgezielt, ADLER aus dem Hauptkampfgebiet der Neurosenlehre wegzuloben, um dort allein und ungestört zu sein. Es ist durchaus vorstellbar, daß er an diesen Überlegungen ADLERS wirklich Gefallen fand. Denn das Ausgehen vom einzelnen Organ und den ihm innewohnenden Tendenzen und ebenso die Erwägungen über die Rolle von Energiebeträgen und deren Verschiebung stellte, obwohl dabei nicht der engere Bereich der Libido-Theorie ins Auge gefaßt war, rein formal gesehen, einen Versuch dar, im FREUDSCHEN Stil zu denken. An die Stelle des »aus dem Gleichgewicht gebrachten und dieses wieder aufsuchenden« Organs tritt hier das Organ, das an Funktionsmängeln leidet und diese auszugleichen sucht. An die Stelle der erogenen Zone tritt die Zone, die durch den Funktionsmangel stigmatisiert ist. An Versuchen, diese auf so verschiedene Weisen gekennzeichneten Bereiche als deckungsgleich zu erweisen, fehlt es bei ADLER nicht.

Die Abhandlung von 1908 »Der Aggressionstrieb im Leben und in der Neurose« enthält viel mehr, als sein Titel verspricht, nämlich den Ansatz zu einer allgemeinen Trieblehre. Dabei wird als Trieb der *jedem* Organ eigene Betätigungsdrang bezeichnet. Über die Annahme von »Wandlungen« einzelner Triebe (ihrer Verschiebung auf andere Ziele, ihrer Verkehrung ins Gegenteil, ihrer Rückwendung auf die eigene Person) und über die Annahme von der Ausbildung eines »Überbaues« einzelner und von »Verschränkungen« verschiedener Triebe wird hier ein neuer Zugang zu dem Rätsel der Neurose gesucht und ein besseres Verständnis der verwirrenden Fülle ihrer Symptome angestrebt. Eine besondere Rolle spielt dabei der »Trieb«, der im Titel erscheint. Die Bezeichnung »Aggressionstrieb« tritt von Anfang an in zwei Bedeutungen auf, die beide nebeneinander bis in die letzten Werke der dreißiger Jahre gebraucht werden. Erste Bedeutung: der affektiv neutrale bis fröhliche Betätigungsdrang des gesunden Organs »quergestreifte Skelettmuskulatur«. Zweite Bedeutung: die Antwort auf die Behinderung irgendeiner anderen Strebung, durch die (genau wie durch den Zorn in der Trieblehre MCDOUGALLS aus dem gleichen Jahr) das Hindernis beseitigt oder der Störenfried unschädlich gemacht wird. Es leuchtet ein, daß er in dieser Funktion stets eine

feindselige Färbung aufweist. Er ist überdies der einzige »Trieb«, der seine Grundlage nicht in einem ausführenden Organ, sondern im zentralnervösen »Überbau« hat.
In der Betonung der »vor dem Menschen liegenden Aufgaben« und seiner Stellung zu ihnen, aber auch in dem Hinweis auf Machtkämpfe zwischen Kindern und Eltern und auf das so gut wie stets gespannte Verhältnis des Neurotikers zu seinen Mitmenschen deuten sich künftige Entwicklungen an. Trotzdem bleibt die Theorie auf dem Stand, der in der »Studie« erreicht ist: » ... das Organ (wird) genötigt, ... eine neue, oft höhere Betriebsweise zur Befriedigung seiner Bedürfnisse einzuschlagen. Auf diesem Wege vollzieht sich die Ausbildung des künstlerischen, des genialen Gehirns, ebenso aber auch, wenn die Kompensation dem Bedürfnis nicht gewachsen ist, sie nicht siegreich ausgeht, die Ausbildung der Neurose.«
In den kurzen Bemerkungen über »Das Zärtlichkeitsbedürfnis des Kindes« aus dem gleichen Jahr 1908 scheint der Bann gebrochen zu sein. Den Regungen des kindlichen Zärtlichkeitsbedürfnisses wird nun – über die unmittelbaren Annehmlichkeiten zärtlichen Verhaltens hinaus – zum ersten Mal ein *Ziel* zugeordnet, und zwar die »befriedigende Stellungnahme des Kindes zu seiner Umwelt«. Man beachte, daß auch in dieser Formel die endgültige Theorie nur angenähert ist. Sonst müßte es heißen: » ... die befriedigende *Stellung* des Kindes *in* seiner Umwelt.« Das wird noch deutlicher in der Beschreibung der Folgen einer voreiligen, sofortigen Befriedigung aller Zärtlichkeitsanwandlungen des Kindes im Rahmen eines sinnlos verhätschelnden Verhaltens der Eltern. Dabei bleibt das Ertragen der Spannung des noch unbefriedigten Bedürfnisses ungeübt und die Entwicklung zur Selbständigkeit, Initiative und Selbstzucht leidet Mangel. Es werden dabei, wie man sieht, allerlei unerwünschte Züge des verwöhnten Kindes beschrieben, aber noch nicht seine falsche, ungesunde *Stellung als Mittelpunkt* und Sklavenhalter seiner Umgebung. Dagegen spielt der Stellungs-Gesichtspunkt schon eine beachtliche Rolle in dem entgegengesetzten Fall, in welchem das Zärtlichkeitsbedürfnis des Kindes gänzlich unbefriedigt bleibt. Das Kind, das man »mit seiner Sehnsucht nach Liebe allein läßt«, » ... gerät in die Angriffsstellung«, »es stellt sich in Aggression zur Umgebung«. Das Ergebnis

der Entwicklung ist entweder – bei ausreichendem Mut – der jugendliche Verbrecher oder – bei Hemmung und Rückwendung der Aggressionsneigung – ein Mensch ohne Selbstvertrauen und Entschlußfähigkeit, ein Mensch, der durch des Zweifels Blässe lahmgelegt ist. Von hier ist es nicht mehr weit bis zu der späteren Formel von der Welt als Kriegsschauplatz, auf dem man sich seiner Haut wehren und seinen Vorteil wahren muß[7].

Eine Überraschung bringt der Schlußsatz, nach welchem bei dem verhätschelten und dem verlassenen Kind die »unversöhnliche Stellungnahme zu den Menschen« – und das heißt: die Neurose-Bereitschaft – »*auf die gleiche Weise* zustande (kommt) *wie bei den Kindern mit angeborenen Organminderwertigkeiten*«. Man lese diesen Satz genau! Er bedeutet nichts Geringeres, als daß für ADLER schon *ein Jahr* nach Erscheinen der »Studie« die Minderwertigkeit irgendwelcher Organe *nicht mehr die notwendige Voraussetzung neurotischer Entwicklungen ist.*

Die Entwicklung zur »eigentlichen« Individualpsychologie geht nun rasch weiter und erreicht ihre nächste Etappe 1909 in der großen Abhandlung »Über neurotische Disposition«[8].

Jetzt wird es klar, daß die Häufung wirklicher oder vermeintlicher Herabsetzungen und Demütigungen der bedeutsamste Auslöser neurotischer Reaktionen ist, daß die Überempfindlichkeit, die Verletzlichkeit und das Mißtrauen in die eigene Kraft sozial zerstörend wirkt und jede Gemeinschaft sprengt: »Wie einer, der sich in eine feindliche Welt gestellt sieht, für den diese Erde zu schlecht ist, denkt er immer nur an *sich,* an *seine* Not, an das, was *ihm* fehlt, nie an das, was er *zu geben* hätte.« Aus dem Gefühl der Zurückgesetztheit, der Vernachlässigung erwächst u. a. »der brennende Ehrgeiz, es den anderen zuvorzutun, besser zu sein als diese, schöner, stärker, größer und klüger«.

In diesem Zusammenhang wird zum ersten Mal auch auf die Bedeutung der *Position* (in der Familie) für die Ausbildung neurotischer Haltungen hingewiesen, desgleichen auf die Bedeutung von neurotischen Schmerzen als Waffe im Kampf um die Überlegenheit über die Bezugsperson (in

---

7 Vgl. z. B. »Über neurotische Disposition« (1909), in: »Heilen und Bilden«, Fischer Taschenbuch Bd. 6220, S. 72.
8 ebda., S. 67 – 84.

diesem Fall die Mutter), sowie auf die Bedeutung der neurotischen Erscheinungen insgesamt als *Mittel im Dienst des einen Ziels:* allen überlegen zu sein.

Das ist noch längst keine vollständige Theorie der Neurosen. Aber über die für ihre Entstehung und Erhaltung ausschlaggebenden Umstände ist das Entscheidende gesagt. In den Worten des wenig später folgenden Beitrags über »Die psychische Behandlung der Trigeminusneuralgie« von 1910 lautet das: »Ausschlaggebend bleibt demnach *die Situation des Kindes* und seine persönliche, also kindlichen Irrtümern unterworfene *Einschätzung seiner Position*[9].« (Auch bei Organminderwertigkeiten im Sinn der »Studie« sind das eigentlich Krankmachende danach nicht die körperlichen Beeinträchtigungen, sondern der Spott, der Tadel, die Mißachtung, die unbegreiflichen Bestrafungen, kurz die Herabsetzung, die das fragliche Kind in seiner Umgebung erfährt.)

Im Jahr 1910, in dem dieser Stand der Dinge erreicht ist, wird sinngemäß auch die besondere Zurücksetzung der Frau in unserer Gesellschaft mit allen ihren Folgen für beide Geschlechter in die Neurosenlehre einbezogen[10] und der Begriff des »männlichen Protests« eingeführt.

Der weitere Ausbau der Persönlichkeitslehre, dessen Ertrag ADLER 1912 in seiner Abhandlung »Über den nervösen Charakter« vorlegt, gehört nicht mehr in den Rahmen dieser Einführung. Mir scheint, daß durch die obigen Gegenüberstellungen die Auffassung von H. L. und ROWENA ANSBACHER, wonach die »Studie« in der Entwicklung der Gedanken ADLERS eine Episode war – wenn auch eine bedeutsame und folgenreiche Episode –, in vollem Umfang bestätigt ist.

Die »Studie« führt die grundlegenden Begriffe der Minderwertigkeit (des Mangels) und der Kompensation in die Lehre ADLERS ein. Sie werden aber zu individualpsychologischen Begriffen erst in dem Augenblick, wo sie nicht mehr nur von Mängeln an Organen und deren Ausgleich, sondern vor allem von Mängeln der *Position des ganzen Menschen* in seiner menschlichen Umgebung und von den –

---

9 in: »Praxis und Theorie der Individualpsychologie« (1920), Fischer Taschenbuch Bd. 6236, S. 92.
10 »Der psychische Hermaphroditismus im Leben und in der Neurose«, ebda., S. 91 – 111.

allzuoft verfehlten – Versuchen des Ausgleichs (oder Über-Ausgleichs) der Mängel dieser Position die Rede ist.

Da jedoch in einer Welt von Unsicheren und daher Geltungssüchtigen, für die es keinen größeren Genuß als das Gefühl der Erhabenheit über Schwächere gibt, der wie auch immer Behinderte ständig Gefahr läuft, gedemütigt zu werden, wird es zu einer der hervorragendsten Aufgaben der Erziehung, dafür zu sorgen, daß jeder körperliche Mangel so rasch wie möglich behoben wird, und, wo das über menschliches Vermögen hinausgeht, zu verhüten, daß er in den viel verhängnisvolleren gesellschaftlichen Mangel übergeht.

Bebenhausen, im Januar 1977   Wolfgang Metzger

Vorrede

Das Buch steht am Eingang der modernen Medizin. Vielleicht war es sein Verdienst, in einer stärkeren Zusammenhangsbetrachtung von Individuum, Familie und Gesellschaft, von Körper und Seele neue Probleme gefunden, alte weiter entwickelt zu haben. Viele Ausblicke dieser Studie haben später ihre Bestätigung gefunden und ihren Ausbau. Manche harren noch der Prüfung ihres Wertes. Nach jahrelanger Arbeit und Erfahrung konnte ich unter dauerndem Widerspruch und Stillschweigen auch ähnlich strebender Forscher dies Buch im Jahre 1907 der Öffentlichkeit vorlegen. Heute dürfte sein Wiedererscheinen nahezu als Selbstverständlichkeit empfunden werden. Seit Jahren aus dem Buchhandel verschwunden, soll es in seiner alten Gestalt nunmehr wieder auferstehen, wie eine Anfrage an die Wissenschaft, ob ich die Zukunft der medizinischen Forschung beinahe richtig gesehen habe.
Das Buch steht auch am Eingang einer nunmehr zwanzigjährigen psychologischen Arbeit, die sich auf die Fragen der Neurosen, Psychosen, Schwererziehbarkeit und Kriminalität bezieht. Es sind durchaus neue Grundlagen, die sich die wachsende Wissenschaft der *Individualpsychologie* geschaffen hat. Sie ist keine Tochterwissenschaft und ist so sehr all den nunmehr versinkenden Theorien platter »Tiefenpsychologie« entrückt, daß sie in keinem Punkte ihre unabhängige Stellung preisgeben kann.
Was andere Richtungen mit Dank und Undank lohnend aus ihr entnommen haben –, die Auferstehung dieser »Studie« soll zum Teil dafür Zeugnis ablegen.

Z. Z. *New-York*, am 8. XII. 1926.

ALFRED ADLER

Einleitung

Eine Betrachtung der Erkrankungen des Harnapparates kann in der weitläufigsten Weise angestellt werden, solange die Symptomatologie in Frage steht. Wie bei allen anderen Krankheiten ist auch in der Nierenpathologie die Lehre von den Symptomen auf reiner Empirie aufgebaut, ruht also auf sicherem Fundament und ist reich genug ausgestattet, um die Diagnostik der Nierenerkrankungen auf sichere Wege zu leiten. Der Rahmen verengt sich aber sofort, wenn sich die Betrachtung der Ätiologie zuwendet. Die Lehre von den Ursachen der Nierenerkrankungen liest sich wie eine kurzgefaßte Sammlung von Gemeinplätzen, in der Begriffe wie Disposition, Erkältung, Gifte, Infektion, Kreislaufstörung immer wiederkehren und ihre Rolle spielen, wie bei anderen Organerkrankungen auch.
Daß mehrere dieser ursächlichen Momente selbst in hohem Grade einer Begriffsbestimmung bedürftig sind, soll nicht einmal besonders hervorgehoben werden. Schwerer fällt ins Gewicht, wie wenig feststehendes Material verfügbar ist, um die Frage nach der Krankheitslokalisation in der Niere zu erledigen. Am ehesten entspricht noch den Grundbegriffen der Pathologie die Hervorhebung von Miterkrankungen der Niere bei Vergiftung und Infektion sowie von konsekutiven Veränderungen bei Erkrankungen des Kreislaufapparates, von denen die Harnorgane wie andere Organe auch gemäß ihrer Relation zu den Krankheitsherden befallen werden.
Weniger klar liegen die Verhältnisse in bezug auf jene Fälle, die man als »genuine« oder »primäre« Erkrankungen der Niere zu bezeichnen gezwungen ist. Eine große Reihe von Krankheiten fällt unter diesen Namen. Sie alle haben das Gemeinsame, daß die letzte Ursache ihrer pathologischen Gestaltung nicht über das Nierenorgan hinaus verfolgt werden kann und daß eine entferntere oder gar exogene Ätiologie – schon dem Namen nach – ausgeschlossen erscheint. Hierher sind zu rechnen, wenn man alle anderen

unterscheidenden Merkmale beiseite läßt: genuine Schrumpfniere, Nierengeschwülste, lokalisierte Lues und Tuberkulose, zystische Degeneration, Nephrolithiasis, Nephralgie hématurique, renale Hämaturie, Wanderniere, Aplasie und Hypoplasie und analoge Erkrankungen im Nierenbecken und Ureter. Wäre noch hinzuzufügen, daß auch der genetische Entwicklungsgang bei den Sekundärerkrankungen durchaus nicht mit dem Hinweis auf die causa movens als erschöpft anzusehen ist, daß vielmehr auch in diesen Fällen die Auswahl der Niere auf vorläufig unerklärten Wegen sich vollzieht.

Sieht man von einem Erklärungsversuch ab, der sich nur auf rein lokale, in der Niere gelegene Krankheitsursachen beschränkt, so kann man die Auffassungen über Krankheitslokalisation in den Nieren übersichtlich in drei Gruppen zusammenfassen, von denen sich jede sowohl auf sekundäre als auf primäre Erkrankungen bezieht. *Die eine Hypothese* sucht unter Hinweis auf die »nephrotoxische« Wirkung mancher Gifte die Wahl der Niere zum Krankheitsherd erklärlich zu machen. Ihre Stärke ist das Experiment sowie eine Anzahl von Erfahrungstatsachen, die den Gedanken an eine speziell die Nieren schädigende Noxe, wie bei Scarlatina, Diphtherie und anderen Infektionen nahelegen. Dagegen ist sie auf eine größere Reihe von Nierenaffektionen nicht anwendbar, läßt eine Erklärung für das Freibleiben der Niere bei Auftreten von »Nierengiften« nicht zu und sollte nur mit Vorsicht vom Tierexperiment aus verallgemeinert werden. Jedenfalls ist uns ein Gift, das regelmäßig die Nieren und zugleich *nur* die Nieren schädigt, vorläufig nicht bekannt. *Eine zweite Auffassung* erblickt in der exponierten Stellung der Niere als Exkretionsorgan, das ununterbrochen von Abfallsstoffen des Körpers durchflossen wird, die Ursache der meisten Nierenerkrankungen. Diese Hypothese soll als zureichende Erklärung für die meisten der Nierenaffektionen genügen. Sicherlich ist ihre Anwendbarkeit eine größere und ihre Tragweite steht außer Frage, da sie nicht nur mit echten Toxinen, sondern auch mit der Vermehrung von Abfallsprodukten und mit gesteigerten äußeren Anforderungen an die Nieren rechnet. Wir sind aber auch mit dieser Auffassung nicht in der Lage, befriedigende Aufschlüsse zu geben. Auch sie läßt uns im Stiche, wenn wir die Frage aufwerfen, warum bei Vorhandensein der Prämissen, bei Anwesenheit von Bakterien im Blute, von Toxinen und Giften, bei chronischen Stoffwechselanomalien, bei Alkoholismus, Schwangerschaft, Erkältung die Nieren so häufig gesund gefunden werden. Sie versagt auch beim Erklärungsversuch einseitiger Erkrankung der Nieren, wie im Falle von Tuberkulose, Lues und Geschwülsten. – Diese und andere Unzulänglichkeiten zwingen zu einer *dritten Anschauung*, die auch in dieser Arbeit, wie ich glaube, mit guten Gründen verfochten werden soll, einer Auffassung, nach welcher den meisten Nierenerkrankungen eine ursprüngliche Minderwertigkeit des harnabsondernden Apparates zugrunde liegt. Daß ein derartiger Zustand für viele Fälle anzunehmen ist und in der Nierenpathologie seine Rolle spielt, ist wohl allgemein anerkannt. Die Erscheinung genuiner Nierenerkrankungen kann durch die Annahme hypothetischer Stoffwechselgifte nicht zureichend erklärt werden. Vor allem ist es der pathologische Befund sowie der klinische Verlauf, die beide dem Bilde einer chronischen Vergiftung widersprechen. Fast mit der gleichen Schärfe wird diese Annahme durch die oft lange Dauer und durch das häufig hereditäre Auftreten widerlegt. Ebenso sind die Pubertätsalbuminurie, die renale Hämophilie, die Zystenniere, die Schwangerschaftsniere, die orthostatische Albuminurie und die mit chronischer Obstipation verbundene Albuminurie Hinweise, denen man sich kaum entziehen kann. Eine der mächtigsten Stützen aber für die den Nierenerkrankungen zugrunde liegende Minderwertigkeit des harnabsondernden Apparates ist die in der Nierenpathologie so häufig zu beobachtende Heredität. Höchstens kommt noch in Frage, ob einzelne dieser Albuminurien als Krankheiten zu nehmen sind. Die Schwierigkeiten in der Entscheidung dieser Frage sollen nicht geleugnet werden. Denn der Übergang von leichten Anomalien der Harnbeschaffenheit zu schweren Erkrankungsformen der Nieren ist noch nicht häufig genug beobachtet worden. Aber selbst langjähriger Stillstand der Erscheinungen oder Besserung, sei sie unter ärztlicher Behandlung oder ohne eine solche erfolgt, hat keinerlei Beweiskraft. Es kann nämlich mit Recht hervorgehoben werden, daß die Annahme einer Minderwertigkeit der Niere als Grundlage der Nierenerkrankungen, vom Standpunkte der Pathologie aus betrachtet, sehr viel Wahr-

scheinlichkeit für sich hat, daß der Übergang von Bildungs- oder Funktionsanomalie in Krankheit in der kürzesten Frist bewerkstelligt sein kann und es in vielen Fällen fraglich wird, wo für uns das Krankheitsbild beginnt. Die »physiologischen« Albuminurien spielen da die gleiche Rolle wie etwa die Zystenniere, die sich förmlich über Nacht als schwerer Krankheitsfall darstellen kann, nachdem sie längere Zeit symptomlos bestanden hat.
Durch eine derartige Betrachtung vom Standpunkte einer *Minderwertigkeitslehre* aus gelangen die oben gekennzeichneten Affektionen des Harnapparates erst an den ihnen gebührenden Platz in der Pathologie. Ihre Bedeutung im Rahmen der Nierenpathologie tritt durch den Nachweis einer ursprünglichen Minderwertigkeit klarer zutage. Gleichzeitig erweist es sich als notwendig, die Untersuchung auf konstitutionelle Organanomalien als der Grundlage vieler, vielleicht der meisten Erkrankungen eindringlicher zu führen, so daß unter Umständen aus der Minderwertigkeitslehre die Diagnostik eine starke Unterstützung beziehen kann. Der Wert dieser Anschauungsweise erstreckt sich aber auch auf die Lehre von den Symptomen und auf die experimentelle Pathologie. Auf letztere, indem sie ein für allemal den Unterschied von minderwertigen und vollwertigen Organen festsetzt und so die schrankenlose Übertragung von Ergebnissen des Tierexperimentes auf den Menschen, von Erfahrungen am Gesunden auf den Kranken hindert. Auf erstere, indem sie eine innigere Verknüpfung vom empirisch gefundenen Symptom zum erkrankten Organ herzustellen sucht und für Symptome einer mehrfachen Organerkrankung die zugehörigen Organe verantwortlich macht. – Eine besondere Betonung wird die persönliche Prophylaxe erfahren in allen jenen Fällen, wo es gelingt, eine Organminderwertigkeit zu erschließen, ohne daß bereits Anzeichen einer Erkrankung nachzuweisen wären. Ähnlich wie schon heute, wenn Erkrankungen der Eltern den Verdacht bezüglich der Nachkommen erwecken. –
Für die Therapie wird grundsätzlich festzustellen sein, ob das minderwertige Organ noch durch irgend ein Regime zu genügender Funktion, eventuell sogar zu einem Bildungszuschuß angeregt werden soll und kann, eine Frage, die bei jugendlichen Personen häufig zu bejahen, bei älteren Kran-

ken nicht selten zu verneinen sein wird. Die Beantwortung dieser Frage wird aber zumeist einen tieferen Einblick in das Wesen der vorliegenden Minderwertigkeit und in seine Bedeutung für den betreffenden Patienten erheischen. Sieht man sich veranlaßt, eine aktive Kur, das Training, zu verwerfen, so treten die Gesetze eines schonenden Heilplanes, Ruhe, Entlastung, in ihre Rechte. – Für die Stellung der Prognose endlich, quoad vitam oder sanationem, ist durch die Minderwertigkeitslehre gleichfalls eine wertvolle Hilfe gewährleistet. Von dem nunmehr geforderten Standpunkt aus wird nicht bloß die Summe der sich bietenden Erscheinungen, sozusagen die Phase des Kampfes, in Erwägung zu ziehen sein, sondern auch die Wertung des Organes festzustellen und das Verhältnis dieses Wertes zur krankheitserregenden Kraft ins Auge zu fassen sein.

Diese Auseinandersetzungen dürften dartun, daß die Lehre von der Minderwertigkeit der Organe Probleme in Angriff nimmt, die zu den wichtigsten der Pathologie gehören. Daß sie für sich den Anspruch erheben darf, kraft der ihr zugrunde liegenden Bedingungen als wertvolle heuristische Methode angesehen zu werden, soll im folgenden nachzuweisen versucht werden.

Grundzüge einer Organ-Minderwertigkeitslehre

[Vorüberlegungen]

Nachdem wir im obigen versucht haben, die große Bedeutung der Minderwertigkeitslehre in der Nierenpathologie zu skizzieren, zu der wir im Nachtrag noch einige spezielle Belege bringen werden, sehen wir uns veranlaßt, das Gebiet unserer Untersuchung zu erweitern und den gesamten Kreis der Organe in Betracht zu ziehen. Es muß dies um so eher gestattet sein, als einerseits jene Argumentation, die uns zur Behauptung einer Minderwertigkeit des harnabsondernden Apparates als einer der Grundlagen der Nierenpathologie Veranlassung gegeben hat, auf alle anderen Organerkrankungen Anwendung finden kann, andererseits die pathologischen Erscheinungen der kranken Niere sich in ähnlicher Weise in der gesamten Pathologie nachweisen lassen. Die chronischen Veränderungen des Parenchyms, die pathologische Gestaltung des Stützgewebes, zystische Entartung, Konkrementbildung, Lokalisation von entzündlichen und neoplastischen Geschwülsten, Mißbildung, Aplasie, Hypoplasie im ganzen Apparat oder in einzelnen seiner Teile kehren bei allen oder einigen der Organerkrankungen wieder, und immer erscheint die Lehre von der Minderwertigkeit berufen, die sonst unzureichende Ätiologie zu ergänzen. Wir finden analoge Veränderungen in der Leber, im Pankreas, in der Thyreoidea, am Genitaltrakt, an Teilen des Verdauungstraktes, des Atmungs- und Kreislaufapparates und im Zentralnervensystem. Eine große Reihe dieser Erkrankungen zeichnet sich durch die bei den Nierenkrankheiten hervorgehobenen Charaktere, durch Heredität, chronischen Verlauf, typische Lokalisation innerhalb des Organes oder unzureichende, weder durch Gifte noch durch Bakterien gestützte Ätiologie aus, fügt sich aber zwanglos in den Rahmen der Minderwertigkeitslehre. So die Pathologie der Schilddrüse, deren Ätiologie sich als vollkommen unzureichend erweist, die aber allen bisher genannten Bedingungen der Minderwertigkeitslehre, insbesondere der der Heredität entspricht. Die pathologischen Veränderungen der Leber zeigen makroskopisch wie mikroskopisch fast in jedem Falle der Nierenpathologie analoge Erscheinungen, wobei uns in erster Linie natürlich die primären Erkrankungen interessieren. Es erscheint uns weiter überflüssig, darauf einzeln hinzuweisen, handelt es sich doch um ein in der allgemeinen Pathologie genügend klar hingestelltes Problem, wie sich bestimmte Veränderungen in jedem einzelnen Organ wiederfinden lassen. Nur der Mangel einer zureichenden Ätiologie soll in diesem Zusammenhange hervorgehoben werden. Das Problem dagegen, das in dieser Schrift aufgeworfen und zu lösen versucht wird, hat vielmehr die Frage zum Inhalt, welche Gründe sind dafür maßgebend, daß gewisse Erkrankungen gerade ein bestimmtes Organ befallen? Die von uns angenommene Lösung, die eine primäre Minderwertigkeit dieses Organes als Grundlage der Erkrankung ansieht, steht mit den Meinungen und Forschungen vieler Autoren in Einklang. Vielleicht dürfen wir in dieser Frage bloß in Anspruch nehmen, die Lehre von der Minderwertigkeit der Organe umfassender in Angriff genommen und ihre Bedeutung für wesentlicher angesehen zu haben. Größerer Widerspruch dürfte sich aber gegen die weitere Behauptung erheben, daß auch andere, nicht als genuin angesehene Erkrankungen, wie Infektionskrankheiten und »zufällige« Erkrankungen des Entgegenkommens einer Organminderwertigkeit oft bedürfen oder wenigstens in ihrem Verlaufe davon abhängig sind. Eine noch größere Anzahl von Krankheiten wäre hier zu nennen. So die Tuberkulose, die sich wohl stets im minderwertigen Organ lokalisiert, eine Behauptung, durch deren endgültigen Nachweis viele der schwebenden Fragen, die Heredität, Eintrittspforten und Wege der Infektion, Immunität und Therapie betreffend, einer Lösung näher gebracht wären. Desgleichen fallen die Ansiedlung der LÖFFLERschen Bazillen und anderer Mikroorganismen am Rachenring, der FRÄNKL-WEICHSELBAUMschen Diplokokken in der Lunge, der Typhus-, Cholera- und Dysenterieerreger an bestimmten Stellen des Darms und manche anderen Infektionen in diese Betrachtung. Dabei soll die Rolle der Bakterieninvasion nicht geleugnet werden. Aber besonders seit der Nachweis vieler pathogener Mikroorganismen bei Gesunden gelingt, erscheint die Annahme einer

Minderwertigkeit der erkrankten Organe gesichert. Freilich wird man in diesen Fällen oft nur undeutliche Zeichen der Minderwertigkeit zu erwarten haben, ja für viele dieser Erkrankungen muß die Affektion selbst und ihr Verlauf vorläufig als Beweis der Minderwertigkeit angesehen werden. Dies führt uns dazu, für diese weitverbreiteten Erkrankungen die Auffassung von einer »absoluten« Minderwertigkeit fallen zu lassen und den Begriff einer »*relativen*« *Minderwertigkeit* einzuführen, die sich, sei es zeitweilig oder nur gewissen Krankheitsursachen gegenüber geltend macht. Bezüglich der Tuberkulose freilich scheinen die Beweise einer primären Minderwertigkeit der Lunge oder anderer befallener Organe reichlicher vorhanden zu sein. Schon das hereditäre Auftreten erleichtert diese Annahme. Desgleichen die oft typische Lokalisation in Lunge, Niere, Gelenken und Gehirn. Tatsächlich liegen Hinweise vor auf Befunde, die gewisse Wachstumshemmungen anschuldigen, wie von FRÄNKL, SCHICK und SORGO, Befunde, die wir ohne weiteres mit den von uns später hervorgehobenen Degenerationszeichen in eine Reihe stellen können.

Bezüglich des Diabetes, der Epilepsie, der Neugebilde, des chronischen Alkoholismus, der Fettsucht, des Kretinismus und einigen anderen Erkrankungen behalte ich mir vor, nach Durchsicht eines größeren Materiales deren Stellung zur Lehre von der Organminderwertigkeit zu präzisieren. Eine kleine Beobachtungsreihe hat mir nahegelegt, auch diese Affektionen als auf der Grundlage der Organminderwertigkeit aufgebaut zu betrachten.

Die Rolle des Zufalls bei Erkrankungen minderwertiger Organe ist sicherlich nicht so groß, als gemeiniglich angenommen wird. Wenigstens begegnet man Fällen, die so sonderbar anmuten, daß eine größere Reihe von ihnen imstande ist, einem die Ansicht aufzuzwingen, ihre Determination sei anders und strikter gegeben als durch den Zufall. Einen dieser Fälle will ich im folgenden vorlegen. Ladislaus F., 8 Jahre alt, erlitt im August des Jahres 1905 eine Verletzung durch eine Schreibfeder im äußeren oberen Quadranten des linken Augapfels, die durch die Conjunctiva bulbi bis in die Sklera reichte. Patient war einem mit der Feder herumfuchtelnden Kollegen zu nahe gekommen, ohne daß einem der beiden Knaben ein Verschulden aus Böswilligkeit oder besonderer Unachtsamkeit nachgewiesen werden konnte. Die Wunde heilte unter geringer Reaktion. Im Oktober des Jahres 1905 stellte sich der Knabe wieder vor mit einem in der Kornea des linken Auges eingekeilten Kohlensplitter, der ihm bei einem Windstoß ins Auge geflogen war. Nach Extraktion des Fremdkörpers trat in kurzer Zeit Heilung ein. Im Januar des Jahres 1906 erlitt Patient abermals einen Stich ins linke Auge, der ihm ebenso wie beim ersten Male von einem Schulkollegen mit einer gebrauchten Schreibfeder zugefügt wurde, etwa 1 cm unterhalb und einwärts von der ersten Stichverletzung. Auch diese Verletzung heilte wie die erste in kurzer Zeit mit Hinterlassung einer tintig tingierten Narbe. Man könnte meinen, das sei ein böser Zufall. Ich konnte folgendes ermitteln: Der Großvater mütterlicherseits litt an einer diabetischen Iritis und stand lange Zeit in augenärztlicher Behandlung. Die Mutter zeigte einen Strabismus convergens, desgleichen der jüngere Bruder des Patienten, der beiderseits an Hypermetropie und herabgesetzter Sehschärfe litt, nicht genau nachweisbar wegen Unaufmerksamkeit und geringer Intelligenz des Knaben. Ein Bruder der Mutter war von häufigen Rezidiven einer Conjunctivitis ekzematosa geplagt und zeigte Strabismus convergens. Unser Patient besaß volle Sehschärfe, einen geringen Grad von Hypermetropie, zeigte aber Mangel des Konjunktivalreflexes auf beiden Augen.

Ich will nicht allzu viel aus diesem Falle folgern. Immerhin scheint mir festzustehen, daß man bei diesem Knaben eine Minderwertigkeit des Sehorgans annehmen muß, ziemlich sicher nachweisbar durch die Heredität, die verschiedenen Erkrankungsformen seiner Angehörigen, teils entzündlicher, teils funktioneller Natur, dem Ausfall der eigenen Reflexfunktion der Konjunktiva und der mangelhaften Behütung des Auges durch seinen Träger, ein Umstand, der mir mit der mangelnden Reflexaktion in einem gewissen, übrigens nicht ganz geklärten Zusammenhang zu stehen scheint. An diesem Punkt muß ich noch hinzufügen, daß bei genügenden psychischen Vorbedingungen die oben geschilderte Minderwertigkeit des Auges wettgemacht werden kann, und zwar durch Mehrleistungen der Psyche. Der Knabe kann »durch Schaden klug« werden und durch psychische Mehrleistung den teilweisen organischen Defekt decken. Der Übergang aus der Organminderwertigkeit in psychische Mehrleistung wird in solchen Fällen greifbar. Es kann aber auch keiner Frage unterliegen, daß in der Art der psychischen Kompensation die Spuren der auslösenden Organminderwertigkeit unverwischbar bleiben, daß beispielsweise im vorliegenden Falle der Schutz des Auges mehr in den Blickpunkt der Aufmerksamkeit rücken und damit der visuelle Charakter des Individuums eine besondere Verstärkung erfahren müßte. Doch davon später.

Unterdes sei es uns gestattet, über das Wesen der Organminderwertigkeit, das schon im vorliegenden stellenweise beleuchtet erscheint, im Zusammenhange folgendes nachzutragen: Wir müssen bloß zum Zwecke einer einfacheren Übersichtlichkeit zwei Formen namhaft machen, in denen sich die Minderwertigkeit eines Organes ausdrückt, die morphologische und die funktionelle Minderwertigkeit. Beide sind in der überwiegenden Anzahl der Fälle gleichzeitig vorhanden. Als dritte Form, auf welche ich in dieser Studie weniger Gewicht lege, möchte ich die »relative« Minderwertigkeit bezeichnen, die sich bloß durch den Krankheitsfall deklariert und erst bei gesteigerten Ansprüchen oder planmäßigen Probeversuchen kenntlich wird.

1. **Morphologische Minderwertigkeit.** Man wird sie nachweisen können als mangelhafte Ausbildung der Form eines Organes, seiner Größe, einzelner Gewebsteile, einzelner Zellkomplexe, des gesamten Apparates oder beschränkter Teile desselben. Eine gewisse Wahrscheinlichkeit, die nur den Forderungen der Biologie Rechnung trägt, spricht dafür, daß ursprünglich gerade die höchst entwickelten, differenziertesten Zellen und Zellkomplexe dabei am schlechtesten geraten sind, während die Gewebe geringer Qualifikation, die etwa einer frühzeitigen embryologischen Epoche ihre Ausbildung verdanken, normal oder sogar übernormal entwickelt sein können. Das Defizit wird vor allem jene Gewebsteile betreffen, die als sekretorische, nervöse Elemente, Schutzgewebe, Ausführungsgänge oder Zufuhrkanäle die volle Ausbildung der Funktion garantieren. Setzt nun die Lebenstätigkeit ein und mit ihr die unzähligen Reizquellen des Kraft- und Stoffwechsels, so können die zurückgebliebenen Gewebe fötal oder postembryonal eine mächtige Förderung und einen ausreichenden Wachstumsschub erfahren. Ihre endgültige Ausgestaltung wird freilich nicht die einer normalen fötalen Entwicklung

sein, kann aber soweit reichen, daß die lebensnotwendige Funktion sichergestellt erscheint. Für das Leben und die Gesundheit des Individuums kommt nur in Betracht, daß eines seiner Organe mit einem geringeren oder widerstandsunfähigeren Bestand von Gewebsteilen die für den Haushalt notwendige Binnenarbeit zu leisten hat. Bei genügendem Aufbaumaterial und hinreichender Zufuhr wird es häufig gelingen, der Arbeit Herr zu werden. Vielleicht ebenso häufig aber kommt die Stunde, wo sich die Insuffizienz des Organes erweist, wo die äußeren und inneren Hindernisse nicht mehr restlos bewältigt werden können. Der normale Auf- und Abbau des Organes macht regressiven Erscheinungen Platz, die in ihrem Wesen von der morphologischen Minderwertigkeit des Organes ebenso bedingt sind wie von den speziellen, die Krankheit auslösenden Ursachen. Der Zeitpunkt, wann die zum Leben nötige Funktion erlischt, ist durch Relationen gegeben. Es hat demnach durchaus nichts Auffälliges, wenn wir finden, daß zuweilen minderwertige Organe für ein vollgezähltes Lebensalter ausreichen.

Aus den Bedingungen der morphologischen Minderwertigkeit eines Organes, der regelmäßig ein fötaler Bildungsmangel zugrunde liegt, lassen sich mit Sicherheit folgende Schlüsse ableiten:

1. Da der fötale Bildungsmangel durch ererbte oder erworbene Eigenschaften des Spermatozoon oder Ovulum herbeigeführt wird, muß sich der *hereditäre Charakter der Organminderwertigkeit* in besonderer Weise ausprägen. Die Heredität muß sich nicht stets in morphologischen Minderwertigkeiten eines und desselben Organes erschöpfen, sie kann, wie später ausgeführt wird, durch funktionellen Ausfall, durch Minderwertigkeit eines zweiten Organes oder, wie vorhin erwähnt wurde, durch Krankheitsfall (»relative« Minderwertigkeit) in der Verwandtenreihe nachgewiesen werden.

2. Die meisten der Organe sind dem unmittelbaren Erkennen entzogen, so daß wir häufig darauf angewiesen sind, etwaige Minderwertigkeiten aus Anomalien der Größe, der Form, der Lage zu erschließen. Ein ungemein wichtiger Behelf bietet sich uns in den Anomalien der Funktion, die im Zusammenhang mit anderen Charakteren der Organminderwertigkeit als gleichberechtigtes Minderwertig-

keitszeichen anzusehen sind. Direkt wahrnehmbar sind dem Auge und Tastsinn die dem äußeren Integument naheliegenden und mit ihm oft in Verbindung stehenden morphologischen Organminderwertigkeiten, *die uns bis heute unter dem Namen der äußeren Degenerationszeichen oder Stigmen geläufig waren. Sie stellen zum größten Teil nichts anderes dar, als den sichtbaren Ausdruck der Minderwertigkeit des zugehörigen Organes,* wobei es allerdings im einzelnen Fall stets des Nachweises bedarf, wie weit sich die Minderwertigkeit auf den tieferen Teil des Organes erstreckt.

3. Aus dem fötalen Charakter der morphologischen Organminderwertigkeit, aus dem embryonalen Materialmangel, den wir ihm zugrunde legen müssen, folgt, daß sich häufig *mehrfache Organminderwertigkeiten* einstellen müssen, die sich entweder durch räumliche Mißstände oder durch ein auf mehrere Organe ausgedehntes Stoffdefizit erklären. Die Relation bestimmter Organe zueinander muß dabei eine Rolle spielen, die gleichfalls schon im embryonalen Stadium ihren Anfang nimmt. Auch in diesen Fällen, welche die Erfahrung reichlich bestätigt, kann eine morphologische Anomalie durch einen funktionellen Defekt ersetzt sein.

2. Funktionelle Minderwertigkeit. Vielleicht ist dies die übergeordnete Gruppe, aus der sich dem Auge sichtbar die vorangestellte heraushebt. Ihre Eigenart besteht, summarisch gekennzeichnet, in einer der Norm, den äußeren Anforderungen nicht genügenden Arbeitsleistung oder Arbeitsweise. Der Ausgleich, der in vielen Fällen oft für lange Zeit statthat, besteht in der vikariierenden Vertretung durch ein symmetrisch gelegenes Organ, in der kompensatorischen Hilfeleistung eines zugehörigen Organteiles, in der Inanspruchnahme eines anderen Organes oder in der übernormalen Ausnutzung des minderwertigen Organes. Der vorläufige Ausgang hängt von den vorhandenen Reservekräften ab. Die Pathologie dieser Zustände erschöpft sich in allen denkbaren Anomalien der Leistung, der Sekretion und des Wachstums. Die Tätigkeit des mehr beanspruchten Organes oder Organteiles vollzieht sich unter erhöhten äußeren und inneren Anforderungen, so daß an einem bestimmten Punkte des Organismus einem gesteigerten Reizzustande Genüge geleistet werden muß, um ein auch nur labiles Gleichgewicht zu gewährleisten. Erschütterungen irgendwelcher Art, Infektionen, Erschöpfungszustände, Überarbeit körperlicher und psychischer Natur, Störungen im Wärmehaushalt werden zumeist an dieser gefährdeten Stelle ihre Wirkung äußern. Es ist aber auch leicht einzusehen, daß selbst die gewöhnlichen Anforderungen des Lebens, der Kultur, gleichfalls an diesem kritischen Punkte, dem »locus minoris resistentiae« häufig mit Schädigungen einsetzen können.

Die Beobachtungen über das Vikariieren symmetrischer Organe sind alt und beziehen sich sowohl auf angeborene wie im Leben erworbene Unterschiede der Gestalt und Funktion. Hier wären anzuführen: Eintreten der beiden Gehirnhälften füreinander, ebenso der Schilddrüsenhälften, der Lungen, der Nieren, der Ovarien, der Hoden. Scheiden wir die sicher erworbene Minderwertigkeit in diesen Fällen aus, die sich nur selten finden dürfte, so sehen wir uns gezwungen, *auch bei Feststellung der Erscheinungen des Vikariierens vorkommendenfalls die Diagnose einer Organminderwertigkeit aussprechen zu müssen.* Dieser Umstand, ferner die später zu erwähnende, häufig nachweisbare gesteigerte Wachstumstendenz minderwertiger Organe, der nicht seltene Befund gleicher und gleichmäßig verteilter Anomalien beiderseits, wie sie einseitig beim Vikariieren anzutreffen sind, analoge Befunde bei asymmetrischen Organen auf Grundlage einer primären Minderwertigkeit legen die Annahme nahe, *daß gerade primär minderwertige Organe unter gewissen Bedingungen prädestiniert erscheinen, für kürzere oder längere Zeit eine gesteigerte Funktionsleistung auf sich zu nehmen.* Außer den bekannten Typen, Emphysem bei funktioneller Minderwertigkeit der anderen Lunge, Struma parenchymatosa lateralis bei Atrophie der anderen Seite, Nierenhypertrophie bei atrophischen Prozessen der zweiten Niere etc., möchte ich hier noch nennen Linkshändigkeit (partieller situs viscerum inversus) und das Vikariieren der Hälften des Zentralnervensystems. Ist bei allen diesen Erscheinungen auch an der Minderwertigkeit nicht zu zweifeln, so stellen sie sicherlich nur geringe Grade vor. Es kann kein Zweifel bestehen, daß das primär minderwertige Organ, das überaus häufig in seiner Größenentwicklung Mangel leidet und funktionell nicht auf der Höhe des normal entwickelten Organes steht, wenn es nicht zum Vikariieren gezwungen ist, eine geringere Arbeitsleistung zu bewältigen hat. Wahrscheinlich ist dies der Grund, warum es zuweilen gesund befunden wird, während das vikariierende Organ erkrankt. Dieses Verhältnis findet sich in folgendem Falle:

Fräulein Fanny H., 23 Jahre alt, stammt aus einer tuberkulös belasteten Familie. Die Mutter starb in jungen Jahren an Lungenschwindsucht, eine Schwester leidet gleichfalls an einer Lungenaffektion. Patientin hat außer Kinderkrankheiten keinerlei nennenswerte Affektionen durchgemacht. Seit längerer Zeit besteht starke Neigung zu *Obstipation;* Blässe der Haut und der Schleimhäute; *Gaumenreflex und Rachenreflex* fehlen. Im Frühling des Jahres 1905 erkrankte Patientin an Hämoptoe. Längerer Aufenthalt im Süden brachte geringe Besserung. Im Mai des Jahres 1906 ließ sich in der Gegend der rechten Lungenspitze Schallverkürzung und kleinblasiges Rasseln im Exspirium vernehmen. Die Distanz vom Dornfortsatz des 7. Halswirbels bis zum Processus coracoideus betrug rechts 18 cm, links 16 cm. Patientin gab an, daß seit ihrer Kindheit die rechte Thoraxhälfte auffallend stärker entwickelt war als die linke. Auch die Atemexkursionen der rechten Seite übertrafen die der linken. Wir finden in diesem Falle den Erkrankungsherd an einer Stelle, wo die ursprüngliche Minderwertigkeit des Respirationsapparates, die sich deutlich genug in der Heredität ausprägt, funktionell und morphologisch wettgemacht ist. Es erscheint aber in diesen und ähnlichen Fällen die Annahme gerechtfertigt, daß die Steigerung der Funktion und des Wachstums in einem minderwertigen Organ gleichfalls zu erhöhter Krankheitsdisposition Anlaß geben kann, wenn dabei bestimmte Relationen gestört werden. SORGO und SCHICK haben vor kurzer Zeit gezeigt, daß man bei Tuberkulösen öfters auf der Seite des Herdes eine kleinere Mamma oder einen kleineren Warzenhof findet, zuweilen aber auch auf der entgegengesetzten Seite. Den Zusammenhang und die Erklärung glauben wir im Obigen nachgewiesen zu haben.

Sicherlich gibt es zahlreiche reine Fälle von Minderwertigkeit, bei denen es nicht zum Vikariieren kommt, ebenso wie ein asymmetrisches Organ ohne Kompensation bleiben kann. Dem Eindruck nach dürften auch bei den asymmetrischen Organen, die sich als minderwertig nachweisen lassen, partielle Kompensationserscheinungen in der Mehrzahl der Fälle aufzufinden sein, und zwar deshalb, weil durchgängige Minderwertigkeit eines Organes oder Apparates einen gewissen Grad von Lebensunfähigkeit darstellt, der zu frühzeitigem Tode Veranlassung genug gibt. In Familien mit hoher Kindersterblichkeit dürften sich Anhaltspunkte für diese Auffassung finden lassen. Die sozialen Verhältnisse brauchen dabei durchaus nicht in ihrem furchtbaren Gewicht angezweifelt zu werden, aber ihre Wucht konzentriert sich wie die aller anderen Angriffe auf die minderwertigen Organe. Am geläufigsten sind uns diese Kompensationserscheinungen am Zirkulationsapparat und am Magendarmtrakt, wo sie nach der herrschenden Lehre vor allem zum temporären Ausgleich mechanischer Mißverhältnisse und durch sie bedingt auftreten. Ihre Hinfälligkeit allein macht sie indes verdächtig. Man sollte doch annehmen, daß ein naturgemäßeres Training kaum möglich sei als das eines Organabschnittes zur Bewältigung einer meist langsam entstehenden Stenose. Und doch finden wir in vielen Fällen ein so völliges Versagen der Kompensation in mehr oder weniger kurzer Zeit. Die Annahme einer Minderwertigkeit auch im kompensierenden Abschnitt, dessen Wachstumsenergie nur rascher aufgebraucht wird, klärt diese Hinfälligkeit um vieles. Dazu kommt noch, daß wir nach den bisherigen Darlegungen in der Etablierung und in der Entwicklung des Krankheitsherdes eine Minderwertigkeit des befallenen Organabschnittes zu erblicken gezwungen sind, von der wir die angrenzenden Teile nicht ohne weiteres völlig ausschließen können. Die gleiche Beweisführung möchten wir auf die Vorgänge bei Strikturen im Harnapparat und bei Lithiasis sowie auf die kompensatorischen Vorkommnisse im Zentralnervensystem ausdehnen.

Bezüglich der Kompensation eines minderwertigen Organes durch ein zweites Organ kann ich mich kurz fassen. Wir sind gewohnt, dabei an Herzhypertrophien zu denken, mittelst welcher ein funktioneller Ausfall der Nieren oder der Lungen ausgeglichen wird. An dem Faktum ist nicht zu zweifeln. Ich werde nur wie oben hinzufügen müssen, daß manches dafür spricht, in solchen Fällen auch das Herz als minderwertiges Organ aufzufassen. Nebenbei möchte ich bemerken, daß diese Gruppe offenbar eine viel größere Aufmerksamkeit verdient, als ihr gegenwärtig zukommt. Unzweifelhaft ist das häufige kompensatorische Eintreten des Gehirnes bei mangelhaften Funktionen der Organe. Aber auch die Drüsen mit Ausführungsgängen und die mit innerer Sekretion dürften häufig zur Kompensation herangezogen werden. Die gesamten Krankheitserscheinungen werden oft durch die Erkrankungen des kompensierenden Organes beherrscht. Die Ergebnisse der pathologischen Anatomie decken nicht immer die vorgefundenen Krankheitserscheinungen, da sie Veränderungen nachweisen, während die Klinik oft den Ausdruck von Relationen zu beurteilen hat. Manche »Fehldiagnosen«, manche Erfolglosigkeiten der Therapie wurzeln in diesen nicht völlig geklärten Beziehungen. Sicherlich kann auch eine vereinzelte Minderwertigkeit, zum Beispiel der Niere, in Erscheinung treten und ihre Symptomatologie schaffen auf Grund einer mechanischen oder sonstigen Korrelation der Organe. Vor allem ist dabei an konsekutive Erkrankungen des Herzens, der Haut, des Auges und des Verdauungstraktes zu denken, für deren Zusammenhang mit Nierenaffektionen die Pathologie genügende Belege bietet. Andrerseits aber muß hervorgehoben werden, daß manche dieser konsekutiven Erkrankungen Kompensationserscheinungen auf minderwertigem Boden oder »Reaktionserkrankungen« in anderen minderwertigen Organen sind, wie der Fall L. Z. im Anhang beweist. Aus dem ganzen Ensemble der Minderwertigkeit drängt sich der Gedanke auf, daß normale Organe weniger durch Hypertrophie und mehr durch Hyperfunktion kompensieren. Je minderwertiger dagegen ein Organ gestaltet ist, je weniger seine funktionelle Ausbildung gelungen ist, um so eher wird es auf Reize allerlei Art mit Wachstumsüberschuß reagieren.

Von der Tatsache des Wachstumsüberschusses minderwertiger Organe bis zur Annahme der *Entstehung der Neoplasmen* in solchen ist nur ein Schritt. Dieser erscheint uns gerechtfertigt, wenn wir das familiäre Auftreten, die anamnestischen Details, ihr Auftreten an oder neben primär minderwertigen Organen gehörig ins Auge fassen. Ob für einzelne der Neubildungen Parasiten in Betracht kommen, muß ich dahingestellt sein lassen, halte aber ihre Rolle nicht für ausschlaggebend. Besonders die anamnestischen

Daten sprechen für die Annahme, daß Neoplasmen nur in minderwertigen Organen entstehen. Ich konnte mich in meinen Fällen stets überzeugen, auch die Literatur bietet genug Belege, daß der Entwicklung des Karzinoms durch eine Reihe von Jahren funktionelle Störungen oder anderweitige Erkrankungen des Organes vorangehen, nicht selten solche neurotischer Natur. Die Auffassung eines ursächlichen Zusammenhanges von Lupus, chronischen Katarrhen, Entzündungen, Hämorrhagien oder Mikroorganismen mit der Entstehung eines Karzinoms läßt regelmäßig das kausale Moment unerwiesen. Nach unserer Auffassung charakterisieren sich alle diese vermeintlich »ätiologischen« Affektionen in gleicher Weise wie das Neoplasma als Äußerungen der Minderwertigkeit des erkrankten Organes. Dasselbe gilt auch für die Entstehung von Neoplasmen aus *Nävis,* von denen *der Naevus pigmentosus in einer unheimlichen Weise oft minderwertige und erkrankte Organe verrät.* Ich habe wenigstens an meinem Krankenmaterial auf ihn achten gelernt und ihn nicht selten bei Lungentuberkulose, Nierenaffektionen und Appendizitis in der Gegend des erkrankten Organes gefunden. Da die embryonale Herkunft des Naevus pigmentosus und sein familiäres Auftreten sichergestellt sind, ferner die Tatsachen, die zur Karzinomtheorie COHNHEIMS von den versprengten embryonalen Keimen führten, unerschüttert scheinen, ergibt sich auch aus diesem Gesichtspunkt eine Bestätigung meiner Annahme. Nur daß an Stelle der versprengten embryonalen Keime, die bis heute nicht nachzuweisen waren, der fötale Charakter des minderwertigen Organes im ganzen oder in einem seiner Teile tritt.

Es geht aber keineswegs an, den Beweis der Minderwertigkeit eines Organes ausschließlich an seine Erkrankung zu knüpfen. Nur der Laie wird sich gegen die Annahme wehren, daß ein langes Leben mit einer langen Krankheit sehr wohl verträglich sei. Auch ein minderwertiges Organ muß durchaus nicht zu frühem Tode führen. Wohl ist aber durch die Konkurrenz von fötalem Bildungsmangel, Reizzustand und Materialreserve unter gleichbleibenden äußeren Bedingungen der Ausgang determiniert. Man wird Veränderungen atrophischer Natur finden, ihnen gegenüber solche hypertrophischen Charakters, verminderte, vermehrte Leistung, die verschiedensten Anomalien der äußeren und inneren Sekretion, Mangel und Überschuß. Versuchen wir außerdem noch, die äußeren Bedingungen, die Anforderungen gegenüber von Anstrengungen, Infektionen, Domestikation (HANSEMANN) und Milieu ins Kalkül zu ziehen, so fallen in unsere Betrachtung auch noch die neuerdings zur Geltung gelangten Überbürdungs- und Aufbrauchskrankheiten (EDINGER), die lokalisierten Infektionserkrankungen, Neoplasmen, Appendizitis, Ulcus rotundum, Prostatahypertrophie etc., Neurosen, Nervenerkrankungen peripherer und zentraler Natur, Rassen- und familiäre Erkrankungen, Tabes und Paralyse.

Die Summe des zu bearbeitenden Materiales ist demnach überwältigend. Im Einzelfalle hat man aber der ordnenden Gesichtspunkte genug, um einen Überblick zu gewinnen und das minderwertige Organ herauszufinden. Von überragender Bedeutung unter allen Umständen ist und bleibt die Feststellung der Erkrankungslokalisation. Damit erscheint auch der Rahmen der gegenwärtigen klinischen Medizin festgehalten. Es leuchtet aber sofort ein, daß unser Standpunkt weiter blicken läßt und in die Lage versetzt, ein weiteres Verständnis für den vorliegenden Prozeß zu ermöglichen, da sich zu der Krankheitseinsicht für viele Fälle noch die Feststellung einer Organminderwertigkeit gesellt, aus deren Art und Intensität sich Schlüsse ergeben, die dem Bereiche der Ätiologie, Symptomatologie und Therapie zugute kommen. Es ist weiterhin klar, daß der heute arg gefährdeten individualisierenden Betrachtung am Krankenbett, dies gilt insbesondere für die Infektionskrankheiten, neue Hilfsquellen erschlossen werden. Die endemische und epidemische Ausbreitung von Infektionen kann ich nicht als ernstliches Argument gegen die Organ-Minderwertigkeitslehre gelten lassen. Sie beweist vielmehr nur die relative Minderwertigkeit unserer gegenwärtigen Organzellen im Kampfe gegen die Mikroorganismen. Dagegen fügt sich die Prognose, Therapie und vor allem die Lehre von den Krankheitskomplikationen, Sekundärerkrankungen und Nachkrankheiten auch in diesen Fällen den Normen der Minderwertigkeitslehre. Die Berücksichtigung der Organminderwertigkeit wird in allen diesen Fragen eine größere Sicherheit geben, je besser wir in der Lage sein werden, die Relationen der Minderwertigkeit zu begreifen. Der Verlauf einer Diphtherie hängt sicherlich in erster

Linie ab von der antitoxischen Wehrfähigkeit des Organismus, von der aktiven oder passiven Immunisierung. Aber die Wertigkeit von Herz, Niere und Atmungsapparat kommen für die Entscheidung gleichfalls in Betracht.
Die Minderwertigkeit eines Organes braucht sich übrigens das ganze Leben hindurch nicht zu äußern. Oder die Äußerung bleibt so geringfügig, daß man kaum daran denkt, ein minderwertiges Organ vor sich zu haben. Oder sie drückt sich in morphologischer Anomalie und zuweilen auch da nur so dürftig aus, daß der Bestand des Individuums nicht in Frage gestellt wird. Auch geringe Abweichungen, zuweilen in den primitivsten Funktionen, können das Ganze der Minderwertigkeit vorstellen, die ein andermal wieder zu Erkrankung und Tod des Trägers führen kann. Ein bedeutsames Licht werfen auf das Wesen der Organminderwertigkeit die häufige Erscheinung der mehrfachen Minderwertigkeiten an den Organen einer Person und die damit zusammenhängende Rolle des Gehirnes und Rückenmarkes, welche nicht selten kompensatorisch eintreten und den vorhandenen Defekt decken oder zu einem besonderen Nutzeffekt gestalten. Wir werden im folgenden also einer Besprechung zu unterziehen haben:
 I. Heredität.
 II. Anamnestische Hinweise.
 III. Morphologische Kennzeichen.
 IV. Reflexanomalien als Minderwertigkeitszeichen.
 V. Mehrfache Organminderwertigkeiten.
 VI. Die Rolle des Zentralnervensystems in der Minderwertigkeitslehre, Psychogenese und Grundlagen der Neurosen und Neuropsychosen.

I. Heredität

Hier befinden wir uns auf bekanntem Boden.
Allerdings wird die Bedeutung der Heredität von verschiedenen Forschern verschieden gewertet. Die einen erheben wohl die Familienanamnese, weisen aber jeden exakten Schluß daraus zurück und wollen besten Falles eine größere oder geringere Erkrankungsneigung aus ihr entnehmen. Andere, besonders neuere Autoren finden nahezu gleiche hereditäre Verhältnisse bei Gesunden wie Kranken und lehnen jede tiefere Bedeutung des Hereditätsproblems ab.

Zumeist herrscht die Auffassung von der Vererbbarkeit einer Körperanlage, die unter geeigneten Verhältnissen zur hereditären Erkrankung führt. Soviel wir sehen, neigen die französischen Ärzte seit jeher zu einer schärferen Betonung der Heredität als die deutschen.

Widersprüche also, von denen wir meinen, daß sie nicht allzu schwer beseitigt werden können. In den Vordergrund unserer Behauptungen über Heredität gehört der Satz: *Die Heredität besteht in der Vererbung eines oder mehrerer minderwertiger Organe.*

Eine Übersicht über die als hereditär angesehenen Erkrankungen stützt diese Behauptung, die im Gegensatz steht zu der Auffassung einer hereditären Degeneration des gesamten Organismus. Selbst was gemischte Heredität genannt wird, bei Epilepsie, Seelenstörungen, Hysterie, Trunksucht etc., läßt sich nach einzelnen minderwertigen Organen gruppieren, wobei die Beeinflussung und Entwicklung des Zentralnervensystems vorwiegend in die Augen fällt. Nun werden wir schon an diesem Punkte eine Tatsache feststellen müssen, die für die ganze Auffassung unserer Studie von größtem Belange ist. *Die Minderwertigkeit eines Organes kann sich nämlich in der Deszendenz an den verschiedensten Stellen des Organes manifestieren.* Mit dieser Konstatierung läßt sich eine ganze Anzahl von Widersprüchen in der Hereditätslehre beseitigen. Vor allem reduziert sich die »gemischte Heredität« auf einfache hereditäre Minderwertigkeit des Nervensystems. Aber auch jene Forscher kommen zu Recht, die dem Hereditätsproblem die größte Bedeutung zuerkennen, ungeachtet des scheinbaren Widerspruchs, der darin gesucht wird, daß von gesunden Eltern kranke Kinder oder von kranken Eltern vereinzelt gesunde Kinder abstammen können. Denn aus der verschiedenartigen Lokalisation der Minderwertigkeit im Organ und seinen zugehörigen Teilen ergibt sich naturnotwendig eine verschiedenartige Lebensfähigkeit und Krankheitsveranlagung. Man muß zudem auch festhalten, daß es eine große Anzahl von Formen der Minderwertigkeit gibt, die weder die Gesundheit noch die Lebensdauer sichtlich beeinträchtigen, wie insbesondere leichte funktionelle oder peripher situierte Minderwertigkeiten.

In unserer Studie vertreten wir also die Auffassung, daß wir nicht die Heredität der Erkrankung, sondern die Heredität des minderwertigen Organes anerkennen, eine Auffassung, die sich nicht in der gesamten Pathologie, wohl aber bei einzelnen pathologischen Erscheinungen bereits Bahn gebrochen hat. Wir wollen versuchen, an einer Reihe von Erkrankungen, die zumeist als hereditär gelten, unsere Auffassung zu vertreten und weitere Stützpunkte als die bisher geltend gemachten anzuführen.

Ziemlich einwandfrei geschieht die Anführung der Heredität bei der genuinen *Epilepsie*. Die von MEINERT u. a. erhobenen Formanomalien im Gehirn decken sich mit unseren morphologischen Minderwertigkeiten. Die epileptischen Äquivalente, den vorkommenden Verblödungsprozeß werden wir als funktionelle Minderwertigkeit des Gehirnes in Anspruch nehmen müssen. Das von FREUD und RIE zur Diskussion gestellte ätiologische Moment der Poliencephalitis stellt sich als Erkrankungsform eines minderwertiges Organes, des Gehirnes, vor. Andere Hervorhebungen hängen unseres Erachtens mit gleichzeitiger Minderwertigkeit anderer Organe zusammen. So die häufige anamnestische Feststellung des Bettnässens, einer funktionellen Minderwertigkeit des Harnapparates, die günstigenfalls durch Kompensation des Zentralnervensystems ausgeglichen werden muß. So auch die Anomalien des Kreislauforganes, die von mehreren Seiten mit der Frage der Epilepsie verknüpft wurden. Asymmetrien der Schädelbasis, Augenanomalien, Degenerationszeichen am Kopfe weisen uns immer wieder auf die Minderwertigkeit des Gehirnes hin und sind als periphere Äußerungen dieser Minderwertigkeit aufzufassen. Veränderungen der Schleimhaut- und Hautreflexe, wie sie neuerdings REDLICH andeutet, fallen der gleichzeitigen Minderwertigkeit anderer Organe anheim. Moralische Verschlechterung, Verbrechertum, Trunksucht können dieser Gehirnminderwertigkeit entstammen, nicht der Epilepsie. Hervorragende Geistesveranlagung, Genialität, die LOMBROSO in den Vordergrund gerückt hat, sind als Überkompensation in einem minderwertigen Gehirn anzusehen. Dieses minderwertige Gehirn ist es, das sich vererbt. Um zur Epilepsie zu führen, bedarf es weiterer Determinationen. Verbrecher, Trinker, Imbecille, geniale Menschen, scheinbar Gesunde, die aber recht häufig die peripheren oder partiellen Formen der Minderwertigkeit aufweisen, müssen in solchen Familien abwechseln, bis dieses Geschlecht an den äußeren Widerständen zerschellt oder bis ein Ausgleich geschaffen wird, der eine bessere Lebensfähigkeit garantiert.

Familie L.: Vater an Karzinom der Blase gestorben, Mutter geistig minderwertig. Zwei Söhne, von denen einer geistig minderwertig mit Schädelasymmetrien, der andere normal. Von fünf Töchtern ist die älteste mit Nierensteinen behaftet, eines ihrer Kinder ist Bettnässer. Die zweite litt in der Kindheit an Enuresis und Blasenkatarrhen, später bei jedesmaliger Gravidität – 3mal – an Schwangerschaftspyelitis. Die dritte ist Epileptikerin, die vierte imbecill, die fünfte normal. Von den Kindern der zweiten Tochter zeigte das erste leichte Erscheinungen von Enuresis, das zweite hat Schädeldeformitäten, das dritte litt an Laryngospasmus. In dieser Familie spielt also eine Kombination von Minderwertigkeit des Harnapparates und des Gehirnes ihr unheimliches Spiel.

Die Analyse der Hereditätsverhältnisse bei der *Tuberkulose* erweist sich in gleichem Maße als fruchtbringend. Die Berechtigung des Hereditätsproblems in der Tuberkulosenfrage ist so ziemlich anerkannt. Noch deutlicher wird sie aber bei Anerkennung unseres Standpunktes, sofern man in der Aszendenz nicht bloß Lungentuberkulose sucht, sondern größeres Gewicht auf die Minderwertigkeit des gesamten Respirationstraktes legt und andere Erkrankungen dieses Apparates in gleicher Weise berücksichtigt. Dann fallen Bronchialasthma, Emphysem, Erkrankungen des Larynx, des Pharynx, der Nase gleichfalls in den Bereich der Anamnese. Denn wie bei der Epilepsie das minderwertige Gehirn, so vererbt sich bei der Tuberkulose das minderwertige Respirationsorgan, das seine Mängel an den verschiedensten Stellen, in den verschiedensten Formen offenbaren kann. Auch die komplizierenden Erkrankungen dürfen wir nicht unerwähnt lassen. Der Zusammenhang mit Magendarmaffektionen, Hysterie, Kropf, Alkoholismus und Albuminurie ist deutlich genug. Es würde zu weit führen, hier eine vollständige Erklärung dieses Zusammenhanges durchzuführen. Als Resultat meiner Betrachtungen kann ich anführen, daß es sich in allen diesen Fällen, zu denen noch Kleinheit des Herzens und der Arterien zu rechnen sind, nicht etwa um reine Zusammenhangverhältnisse kausaler Natur, sondern um gleichzeitig auftretende Minderwertigkeiten in einem zweiten Organe handelt. Ein besonderes Interesse nimmt die Lokalisation in der Lungenspitze in Anspruch. Sie erklärt sich unseres Erachtens am besten mit der Annahme einer besonderen Minderwertigkeit an dieser Stelle. Die FRÄNKELsche Enge der oberen Thoraxapertur, der vorspringende Angulus Ludovica, der Habitus phthisicus, die von SORGO und SCHICK hervorgehobene geringere Ausbildung des Warzenhofes auf der befallenen Seite stellen nichts anderes vor als periphere Kennzeichen der Minderwertigkeit des Atmungsorganes, sind sicherlich nicht ätiologisch zu verwerten, ebensowenig wie der geringere Luftwechsel in der Spitze. Alle diese Zeichen finden sich nicht nur bei Phthisikern, sind aber jedenfalls ausgiebige Verdachtsmomente. Die auffallende Größe der Lungen bei Phthisikern weist auf jenes Moment der Wachstumstendenz in minderwertigen Organen hin, von dem oben bereits gesprochen wurde. Des gleichen Eindruckes kann man sich auch nicht erwehren bei der Beobachtung des Zustandekommens von Riesenzellen. Andrerseits ist die Rolle der Tuberkelbazillen sowie der sozialen Verhältnisse als determinierend sichergestellt.

Familie E.: Vater Emphysem und chronische Bronchitis, Mutter bei einer Frühgeburt an Verblutung gestorben. Von den Söhnen der ältere gesund; der jüngere erkrankte im 23. Lebensjahre an linksseitiger Pleuritis, linksseitiger Spitzenaffektion und Albuminurie. Litt an chronischer Koryza, Schwellung der Rachenmandel und der Nasenmuscheln. Ältere Schwester leidet an Nieskrampf (leider liegt kein Befund vor) und machte im 35. Lebensjahre eine Myomoperation durch. Jüngere Schwester litt in der Kindheit an Bettnässen, hatte häufig Nasenkatarrhe und rezidivierende Laryngitis. Die ältere Schwester ist kinderlos, die jüngere überstand 3 schwere Geburten, bei denen sich Hydramnios und außergewöhnlich große Kinder vorfanden. Keine nennenswerten Veränderungen der Beckenmaße. In dieser Familie dokumentiert sich die Minderwertigkeit des Atmungsorganes an verschiedenen Stellen und in verschiedener Form. Ebenso die Minderwertigkeit der Sexualorgane der weiblichen Mitglieder. Hebe ich noch hervor, daß der Vater und Großvater väterlicherseits an Blasenkatarrhen infolge von Prostatahypertrophie (Prostata = Uterus masculinus?) leiden, so werden wir, Bettnässen und Albuminurie der jüngeren Kinder gleichzeitig ins Auge fassend, auch eine Minderwertigkeit des Harnapparates, die sich wie die anderen Minderwertigkeiten hereditär geltend macht, zu konstatieren haben.

Eine ganze Reihe von Erkrankungen, die sich hereditär durchsetzen, kann ich hier übergehen oder kurz anführen, weil sie für das, was in diesem Kapitel vor allem gezeigt werden soll, wenig Gewicht haben oder von mir mit genügendem Material nicht belegt werden können. So im Falle des *Diabetes*, dessen hereditäre Bedeutung allgemein anerkannt ist. Auch die Konstatierung einer Minderwertigkeit der Bauchspeicheldrüse respektive ihres nervösen Anteiles in der Medulla oblongata dürfte auf geringen Widerspruch stoßen. Wichtiger erscheint mir die prinzipielle Feststellung, daß in Diabetikerfamilien der Ernährungstrakt minderwertig geraten ist, was bei den einzelnen Familienmitgliedern nicht immer am Pankreas, sondern an den verschiedensten Stellen dieses Apparates und seiner zugehörigen Teile, an Mund, Zähnen, Rachen, Magen, Leber, Darm, After in verschiedenster Stärke zum Ausdruck kommen kann. In diesem Zusammenhange halte ich es für nötig, auf die häufigen Magendarmbeschwerden bei Diabetikern hinzuweisen, als insbesondere auf den häufigen Mangel des Gaumenreflexes, die eine tiefgreifende Veränderung des ganzen Ernährungstraktes beweisen. Die Zusammenhänge des Diabetes mit Fettleibigkeit, Gicht und Cholelithiasis, das alternierende Auftreten dieser Erkrankungen in einzelnen Familien bestehen nur auf der gemeinsamen Grundlage einer Minderwertigkeit des Magendarmapparates. Andere Gruppierungen, wie Tuberkulose, Gefäßerkrankungen, Hautaffektionen, Nierenveränderungen, Morbus Basedow, Neurosen, die sich bei Diabetikern nicht selten finden, werden wir als den Ausdruck der gleichzeitigen Minderwertigkeit eines zweiten Organes betrachten, das durch die diabetische Stoffwechselstörung mehr oder minder belastet sein kann.

O. C. erkrankte im 13. Lebensjahre an schwerem Diabetes. In der frühen Kindheit bis zum 5. Lebensjahre litt er an unfreiwilligem Stuhlabgang, späterhin an Obstipation und Diarrhöen. Im 12. Lebensjahre trat eine heftige Furunkulose auf, die den Verdacht auf Diabetes erweckte. Der Vater litt in jüngeren Jahren an Cholelithiasis, neigt zu Fettleibigkeit und ist seit vielen Jahren von hartnäckiger Obstipation geplagt. Die Mutter zeigt häufige Rezidiven von Urticaria. Eine Schwester leidet an Hysterie. Die Analyse des Falles ergibt sich aus dem vorherigen. Die Minderwertigkeit des Darmapparates stammt von der väterlichen Linie, die sich ganz allgemein durch Fettleibigkeit auszeichnete. Dazu liefert die Mutter die unterwertige Haut, die den Boden der Furunkulose abgibt. Keines der 4 Familienmitglieder zeigt einen Gaumenreflex, der Rachenreflex ist nur schwer zu erzielen.

Eine Theorie des Diabetes muß sich auf die Annahme einer minderwertigen Bauchspeicheldrüse stützen. Die mangelhaften pathologischen Befunde bei dieser Erkrankung sprechen für eine vorwiegend funktionelle Minderwertigkeit, die sich in Anomalien der Sekretion geltend machen dürfte. Doch ist sicherlich zuweilen eine morphologische Minderwertigkeit (des Parenchyms, der LANGERHANSschen Inseln, abnorme Kleinheit) nachweisbar. Drittens kann die Minderwertigkeit in dem der Bauchspeicheldrüse zugehörigen Nervengebiet gelegen sein.

Fall Dr. G.: Vater litt an Morbus Basedowii. Der Sohn leidet seit Kindheit an schwerem Diabetes. Schilddrüse intakt. Hier findet sich gleichzeitige Minderwertigkeit zweier Organe, ohne daß über deren gegenseitige Beeinflussung etwas ausgesagt werden könnte. Dieser Fall veranlaßt uns aber, bei den nicht gar seltenen Glykosurien in Fällen von Basedow die Zuckerausscheidung nicht ausschließlich mit der Thyreoidea in Verbindung zu bringen, sondern lieber eine gleichzeitige Minderwertigkeit des Pankreas anzunehmen.

Bezüglich der Fettleibigkeit ist an diesem Orte hervorzuheben, daß sie sich in hervorragendem Maße als heriditär erweist. Dies sowie ihr Zusammenhang mit anderen Erkrankungen, d. h. mit gleichzeitigen Minderwertigkeiten anderer Organe ist hinlänglich bekannt.

Erkrankungen der Lymphdrüsen werden, soweit mir bekannt ist, nicht geradewegs als heriditär angesehen. Der Grund liegt in folgendem: Sowie in einem Organe Tuberkulose festgestellt wird, scheint derzeit vielfach jedes weitere Interesse der Forscher erloschen oder richtet sich auf Infektionsmodus und Wege der Weiterverbreitung. Uns interessiert hier vor allem aber die Tatsache, daß Tuberkulose vielleicht jedes minderwertige Organ unter gewissen Bedingungen befallen kann. Die Minderwertigkeit der Lymphdrüsen, die ja sicherlich bei der Weiterverbreitung der Tuberkulose eine große Bedeutung gewinnt, ist angeboren und hereditär. 2 Fälle sollen zur Stütze dieser Ansicht dienen.

I. Alfred B. erkrankte im 16. Lebensjahre an zahlreichen Lymphdrüsenschwellungen des Halses, die alle erweichten, eitrigen Zerfall aufwiesen und mit den bekannten skrofulösen Narben ausheilten. *Weder Patient noch sonst wer aus der Familie wies Spuren von Tuberkulose auf.* Aber die Mutter hatte im 15. Lebensjahre gleichfalls an Lymphdrüsenschwellungen des Halses gelitten und zeigte einige skrofulöse Narben.

II. Frieda H., 15 Jahre alt, war bis zum Winter des Jahres 1905 stets gesund. Damals erkrankte sie an zahlreichen Lymphdrüsentumoren, die besonders die Supraklavikulargruben ausfüllten und emporwölbten. Dazu gesellte sich eine linksseitige Pleuritis, späterhin Lymphdrüsenschwellungen unter der linken Axilla. Eltern und Geschwister sind gesund, haben niemals an Lymphdrüsenschwellungen gelitten. Wohl aber ein Onkel mütterlicherseits. Die ältere Schwester der Patientin weist in der linken Supraklavikulargrube einen Naevus pigmentosus (siehe oben) auf. Ebenso die Mutter.

Man wird in solchen Fällen wohl nur von einer vererbten Minderwertigkeit der Lymphdrüsen, nicht aber von hereditärer Tuberkulose sprechen müssen.

Dieser Auffassung folgend, sehen wir uns zu folgenden wichtigen Schlüssen gezwungen, die sowohl auf die Tuberkulose als auf alle anderen Infektionskrankheiten Bezug haben.

1. Alle Infektionen, die durch natürliche Schutzkräfte des Organismus überwunden werden können, bedrohen in erster Linie jenes Organ, welches dieses Schutzes im geringsten Grade teilhaftig ist, das ist in der Mehrzahl der Fälle das minderwertige Organ.

2. Speziell bei der Tuberkulose ist ein therapeutischer Erfolg nur insofern zu erhoffen, als es gelingt, das minderwertige Organ so weit zu fördern, daß es aus eigener Kraft sich der Infektion erwehren kann. Soweit die Serumthera-

pie in Betracht kommt, fallen also der aktiven Immunisierung die größeren Chancen zu. Bei passiver Immunisierung allein dürften sich einzelne Parasiten lebensfähig erhalten, und das minderwertige Organ fällt wieder der nächsten Ausbreitung des Infektionsstoffes zum Opfer.

Wir wollen dieses Kapitel nicht abschließen, ohne die Karzinomfrage, soweit sie hierher gehört, in Betracht gezogen zu haben. Dabei kommt es uns weniger darauf an, der Frage nach der parasitären oder nichtparasitären Ätiologie nachzugehen. Sondern wir verlegen auch hier die ätiologischen Momente um eine Schicht tiefer. *Das Karzinom kann sich nur in einem minderwertigen Organ entwickeln.* Die weiteren Bedingungen sind derzeit unbekannt. Für unsere Auffassung, die der BILLROTHS von der karzinomatösen Disposition am nächsten steht, sprechen eine Reihe von Tatsachen. So die der Karzinomentwicklung vorausgehende Krankheitsgeschichte des Organes. Die gegenwärtige Auffassung sieht die vorausgegangenen Erkrankungen als ätiologisch wichtig, wir sehen sie getreu unseren bisherigen Erörterungen als historisch bedeutungsvoll an. Alle die Veränderungen des Organes in der Anamnese des Karzinoms, seien sie katarrhalischer, entzündlich-infektiöser Natur, hypertrophischen oder atrophischen Charakters, kennzeichnen dieses Organ als von vornherein minderwertig. Ich habe in den vorhergehenden Kapiteln davon gesprochen. Ferner verweise ich auf die hervorragende Variabilität und die Wachstumsenergie der Karzinomzellen, die eine dem embryonalen Wachstum ähnliche Fähigkeit verraten. Desgleichen der Befund von Riesenzellen sowie des embryonalen Gewebes. Die Bedeutung des Nävus habe ich bereits hervorgehoben. Ich halte seine Beziehung zur Minderwertigkeit für sichergestellt. Seine Beziehung zum Karzinom ist eine längst bekannte. Weiters kann ich hier die ganze COHNHEIMsche Argumentation und die sich daran schließende Kasuistik anführen. Nur daß ich den Begriff der »versprengten embryonalen Keime« fallen lassen muß und an seine Stelle die Minderwertigkeit des Organes rücke, mit seinem dem embryonalen nahestehenden Charakter. Auch die hereditäre Bedeutung des Karzinoms halte ich für erweisbar, allerdings in anderem Sinne als die sich dafür einsetzenden Autoren. Vererbt wird die Minderwertigkeit des Organes, nicht das Karzinom. Zur Entstehung des Karzinoms bedarf es noch weiterer Bedingungen. Die Minderwertigkeit des Organes aber ist im Stammbaum erweisbar.

Frau A. B. erkrankte im 58. Lebensjahr an Karzinom der linken Mamma. Ihre Tochter, Frau L. T., zeigt beiderseits Verkümmerungen der Brustwarzen und erwies sich trotz aller erdenklichen Mühe als stillungsunfähig. Als auffallend sei noch angemerkt, daß bei Frau L. T. ein ziemlich dichter Haarkranz beide Mamillen umgibt, ein Befund, der an die Behaarung bei Spina bifida, einer anderen morphologischen Minderwertigkeit, erinnert.

Frau Therese S. starb im 46. Lebensjahre im Anschluß an eine Operation eines Uteruskarzinoms. Ihr Sohn sowie der Sohn ihrer Tochter litten an Enuresis. Die Tochter bekommt bei jeder geringfügigen Aufregung Anfälle von Erbrechen und diarrhoischen Stühlen. Dieser Fall ist nur für den beweisend, der mit mir das Gesetz von der mehrfachen Minderwertigkeit der Organe gelten läßt und sich weiter meiner Anschauung anschließt, nach welcher Enuresis sowie Magen- und Darmneurosen auf funktioneller Minderwertigkeit des zugehörigen Organes beruhen.

Auch der Fall L. (s. o.) wäre hier anzuführen.

Fall der J. K. Druckempfindlichkeit der Magengegend. Ausstrahlende Schmerzen nach links bis in die Gegend des linken Schulterblattes, erhöhte spontane Schmerzen nach Nahrungsaufnahme, Erbrechen. Blasse Person, Köchin. Kein Gaumenreflex, Rachenreflex positiv. Vater an Magenkrebs gestorben. – Auch hier zeigt sich die Heredität des minderwertigen Organes, ferner aber auch die später zu erwähnende (V), von der ursprünglichen Minderwertigkeit des Verdauungsorganes beeinflußte Berufswahl und die (IV) noch zu besprechende Mangelhaftigkeit des Gaumenreflexes, eines Stigmas der Minderwertigkeit des Nahrungstraktes.

Fall der Frau Nadja J. Litt bis vor 4 Jahren an hysterischen Anfällen, die mit Bewußtlosigkeit einhergingen. Auf der rechten Wange, in der Höhe der Nasenöffnung, etwa 2 cm seitwärts der Nase, sitzt ein Naevus pigmentosus. Die Mutter ist vor 2 Monaten wegen eines Karzinoms des linken Oberkiefers operiert worden. Hier handelt es sich offenbar um eine segmentäre (siehe später) Minderwertigkeit in der Gegend des Oberkiefers, deren Vorhandensein

im Stammbaum sich bei Mutter und Tochter verrät.
Zum Schlusse will ich noch kurz darauf hinweisen, daß die überwiegende Mehrzahl der Karzinome sich an solchen Stellen findet, die von FREUD als erogene Zonen besonders namhaft gemacht und in engste Beziehung zu den Neurosen gebracht wurden. Es sind dies Mund, After, Mamma, Genitalsphäre etc. Den Zusammenhang der Neurosen mit minderwertigen Organen besprechen wir an anderer Stelle.
In der gleichen Weise dürften sich die anderen Geschwülste der Hereditätslehre einreihen lassen. Myome habe ich selbst bei Mutter und Tochter, bei Schwestern vorgefunden. Hält man sich an die obigen Ausführungen, so wird sich die Minderwertigkeit des Organes im Stammbaum häufig nachweisen lassen.
Ich übergehe die ganze Reihe der als hereditär anerkannten Erkrankungen, muß aber summarisch darauf hinweisen, daß bei einer großen Zahl derselben von verläßlichen Beobachtern nicht etwa bloß im Krankheitsherd, sondern auch im Bereich der anscheinend gesund gebliebenen Organteile Veränderungen atrophischer oder hypertrophischer Natur nachgewiesen worden sind. Man wird derartige Nachweise nicht unbedingt fordern können. Aber es liegt in der Natur der Sache, daß bei der der Vererbung unterworfenen Organminderwertigkeit nicht bloß ein einziger zum Krankheitsherd prädestinierter Teil des Organes, sondern auch angrenzende oder entferntere Bestände des minderwertigen Organes die Charaktere der Minderwertigkeit aufweisen, rein oder überwertig nach Funktion oder Morphologie, welch letztere Erscheinung als Reaktion des minderwertigen Materiales auf die relativ größeren Lebensreize aufzufassen ist. Nun wäre nichts gefehlter, als wenn man sich darauf steifen wollte, bei einer Untersuchung über das Wesen und den Umfang der Heredität alle Anomalien der Vorfahren in der gleichen Weise bei einem der Nachkommen wiederzufinden. Ebenso wie sich die Heredität an verschiedenen Stellen des Organes geltend machen kann, wo wir sie dann in der Form einer funktionellen oder morphologischen Minderwertigkeit finden, die den Boden für irgend eine Erkrankung parasitärer oder nichtparasitärer Natur abgibt, ebenso haben wir damit zu rechnen, daß wir im späteren Leben unter dem Einfluß der Lebensweise

die Minderwertigkeit nicht immer unverhüllt oder durch die Krankheit denunziert finden. Es ist vielleicht ebenso oft der Fall, daß wir an Stelle der erwarteten Minderwertigkeit nichts Abnormales oder geradezu eine Überwertigkeit, eine hervorragende Eigenschaft vorfinden.

II. Anamnestische Hinweise

Wir haben im vorhergehenden des öfteren der Schwierigkeit gedacht, die sich zuweilen der Klassifizierung eines Organes als minderwertig in den Weg stellt. Der Begriff der Vollwertigkeit deckt sich durchaus nicht mit dem uns geläufigeren der Gesundheit. Aus folgenden Gründen: Es kann einmal durch Inanspruchnahme von Wachstumsreservekräften am Orte der Minderwertigkeit selbst oder entfernter davon, in einem zweiten Organ oder in der Nervenbahn eine Kompensation zustande gekommen sein, die das Defizit nicht aufkommen läßt, es auch für den ärztlichen Untersucher deckt. Oder die Minderwertigkeit äußert sich bei einem Gliede des Stammbaumes an einer Stelle, die einem gesundheitlichen Funktionieren des Organes wenig oder gar nicht hinderlich ist. Bei einem anderen Gliede kann die Minderwertigkeit als Gesundheitsstörung in Erscheinung treten. Oder die Gunst der äußeren Verhältnisse, öffentliche und private Hygiene, gestatten dem mit einer Minderwertigkeit behafteten Individuum den gesundheitlichen Gefahren zu entgehen, die sich sofort einstellen, wenn die soziale Lage, Arbeitszeit, Wohnung, Nahrung eine schlechtere wird. Selbstverständlich ist hier von geringeren Graden der Minderwertigkeit die Rede. Die höheren Grade bedingen entweder Lebensunfähigkeit oder decken sich wohl faktisch immer mit dem als »erkrankt« zu benennenden Organ.

Ob es Kriterien gibt, unter »gesunden« Organen die minderwertigen herauszufinden? Wir haben bereits gezeigt, wie uns die Hereditätslehre als Leitfaden dazu dienen kann. Nach unserer Auffassung kann ein Organ sehr wohl als gesund, seiner Heredität nach aber als minderwertig befunden werden. In solchen Fällen nun ist es unbedingt nötig, die Jugendgeschichte, besser vielleicht die Kindheitsgeschichte des Organes heranzuziehen, weil es zuweilen gelingt, die Minderwertigkeit festzustellen, die sich in dem Momente der Erkenntnis entzieht, wo die Kompensation einsetzt. Sobald sich nun die Minderwertigkeit eines Organes vor der Kompensation im frühen Kindesalter geltend macht, erscheint sie vorwiegend als Mangel der Funktion oder als Mangel der Beherrschung der Funktion durch das Kind. Neben den überstandenen Krankheiten, deren anamnestische Bedeutung anerkannt ist, gebührt also der Entwicklung der Sinnesfunktionen und der vegetativen Organe, dem Fortschreiten der Geh-, der Sprachfähigkeit, der Beherrschung der Kinderfehler die gleiche Aufmerksamkeit. Schon bei einem kleineren Material erscheint die Bedeutung dieser Kindheitsanamnese gesichert. Und für einen Spezialfall der Kinderfehler, für das Bettnässen, wollen wir zum Schlusse durch einige Kasuistik den Beweis dieser Bedeutung antreten und seine Beziehung zur Organminderwertigkeit dartun. Nehmen wir noch die bei Besprechung des Hereditätsproblems verfochtenen Anschauungen hinzu, so gewinnen wir als weitere Forschungsbasis den Grundsatz, daß ein Kinderfehler in der Heredität, bei Eltern, Kindern, Geschwistern des Erkrankten als *Verdachtsmoment für die Minderwertigkeit des dem Kinderfehler entsprechenden Organes anzusehen ist.* Das Gleiche gilt auch von konstatierbarer Kompensation oder Überkompensation in der Heredität.

Von den Anomalien der kindlichen Entwicklung, die in die Anamnese einzubeziehen sind, wollen wir besonders hervorheben Obstipation, Erbrechen, Blinzeln, Schielen, Stottern, Daumenlutschen und Unfähigkeit, den Stuhl oder den Urin zu halten. Ferner scheint uns noch wichtig, hervorzuheben, daß die infantile Spur der Organminderwertigkeit sich häufig ausprägt als ein funktionelles Versagen des Organes in der Domestikation, die das eine Mal eine Beherrschung der Organtätigkeit und somit ein Aufgeben des Lustgewinnes verlangt, wie ihn die ungehinderte Organtätigkeit mit sich bringt. Die Einschränkung der organischen Sinnlichkeit zugunsten des kulturellen Fortschrittes wird so zum Prüfstein der Organwertigkeit. Ein andermal erheischt die Domestikation (HANSEMANN) das Funktionieren unter einschränkenden Bedingungen, bei mangelhafter Luft, unzweckmäßiger Nahrung, schlechtem Licht. Die Schädigungen, die daraus dem Kind erwachsen, treffen

in erster Linie die minderwertigen Organe, welche einer derartigen Anspannung ihrer Funktion nicht folgen können. Mangelhaftes Wachstum der Knochen, der Atmungs- und Zirkulationsorgane, des Verdauungsapparates, des Zentralnervensystems, des Blutorganes sind dadurch veranlaßt.
In anderen, günstiger gelegenen Fällen hebt den Betroffenen eine funktionelle Höherbildung über die Gefahr hinaus. *Eine besondere Betrachtungsweise hat mich gelehrt, wie oft ein morphologischer oder funktioneller Mangel des Organes sich in höhere Ausbildung des Organes verkehrt.* Der stotternde Knabe Demosthenes wird zum größten Redner Griechenlands. Und bis auf den heutigen Tag findet man selten eine solche Häufung von Sprachfehlern und Degenerationszeichen des Mundes wie bei Rednern, Schauspielern und Sängern.
Die anamnestische Bedeutung der Kinderfehler für die Neurosen ist gelegentlich bereits hervorgehoben, in ihrer ganzen vollen Bedeutung von FREUD betont worden. Uns erübrigt hier noch der Hinweis auf die Verlockung zu größerer sinnlicher Entfaltung, der minderwertige Organe besonders in ihren peripheren, der Hautoberfläche zugewendeten Anteilen ausgesetzt sind. Zum Teil rührt diese erhöhte Sinnlichkeit, der Ausgangspunkt zahlreicher Kinderfehler, sicherlich von dem Unvermögen des minderwertigen Organs her, das nicht ohne weiteres in den sicheren Port kulturellen Funktionierens gelangen kann; liegt sie doch jeder Organbetätigung zugrunde, während die kulturmäßige Organfunktion aus gebändigter Sinnlichkeit ihre Kraft bezieht. Wie weit diese Erhöhung der sinnlichen Komponente mit dem embryonalen Charakter des minderwertigen Organs in Beziehung steht, vermag ich derzeit nicht sicher zu entscheiden. *Sicher ist aber, daß das Ensemble der Erscheinungen der Organminderwertigkeit auf die Psyche derart abfärbt, daß deren ganze Struktur ein eigenartiges Gepräge erhält. Die so erworbene psychische Struktur wird in der Folge zur Grundlage der Neurosen und Psychosen.*
Während kaum ein einziger Fall von Neurose einer derartigen Kindheitsanamnese entbehrt, worauf schon FREUD eingehend hingewiesen hat, kann ich, abgesehen von der zum Schlusse folgenden Kasuistik, derzeit nur spärliches Material der Öffentlichkeit übergeben. Doch konnte ich

mich z. B. bei Diabetikern mehrfach überzeugen, daß sich in der frühesten Kindheit die Darmfunktionen nicht glatt eingestellt hatten. Häufig dürfte sich Obstipation vorfinden, seltener konnte ich unfreiwillige Stuhlabgänge konstatieren. Die Häufigkeit von Magendarmstörungen bei entwickeltem Diabetes läßt den Gedanken als gerechtfertigt erscheinen, daß diese Krankheit auf einer hereditären Minderwertigkeit des Magendarmapparates beruht, die sich vorwiegend in der Funktion der zugehörigen Drüse, des Pankreas, zuweilen auch in der Leber geltend macht. Einige Fälle sollen diese Behauptung rechtfertigen.

Margit B., 25 Jahre alt, klagt über Kopfweh und chronische Stuhlverstopfung. Vor 8 Tagen bekam sie wie früher schon öfters im Gefolge einer Aufregung Diarrhöen, die nach 2 Tagen in eine Stuhlverstopfung umschlugen. Nunmehr besteht seit 6 Tagen Obstipation. Dabei fühlt sich Patientin elend, leidet an Übelkeit, Wallungen, häufigen Angstanfällen und heftigem Urindrang. Den gleichen Zustand behauptet Patientin schon öfters durchgemacht zu haben. Die Untersuchung ergibt einen verhältnismäßig dürftigen Befund: das Abdomen zeigt geringen Meteorismus; keine Druckempfindlichkeit, keine Temperatursteigerung. Die Harnanalyse ist negativ. Spontane Schmerzen hat Patientin nie gehabt, kein Erbrechen. Die inneren Organe sind gesund. Auffallend war der Mangel des Gaumenreflexes und des Bauchdeckenreflexes – der Rachenreflex erwies sich als schwach, Konjunktivalreflex normal. Die Anamnese bot die Lösung. Patientin war als Kind sehr ungebärdig und hat häufig an Kopfweh und Stuhlverstopfung gelitten. Mit 15 Jahren litt sie an heftigen Anfällen von Singultus. Patientin stößt mit der Zunge beim Sprechen an. Der Vater starb an Diabetes, ein Bruder war Bettnässer und behielt dieses Leiden sowie Stuhlinkontinenz bis ins 12. Lebensjahr. Eine Schwester lebt in unglücklicher Ehe und leidet zeitweilig an Anfällen von Bewußtlosigkeit. Aus der Analyse dieses Falles wäre hervorzuheben: die hereditäre Organminderwertigkeit bei Vater, Bruder und Patientin und die deutliche Sprache der Frühanamnese, Stuhlverstopfung bei der Patientin, Incontinentia alvi beim Bruder sowie Lispeln beim Sprechen, das nach der Aussage der Patientin in der Kindheit besonders stark gewesen ist. Der Zustand der Patientin, die also eine eklatante Darmminderwertigkeit aufweist, gehört nach der heutigen Nomenklatur ins Gebiet der Hysterie, deren Entwicklung allerdings dürftig ist. Bei der Schwester scheint diese Seite des Krankheitsbildes deutlicher entwickelt zu sein.

Richard v. R., ein gesunder Mann von 30 Jahren, litt in seinem 5. und 6. Jahre an heftigem Augenblinzeln. Später verschwand dieser häufig vorkommende Kinderfehler spurlos. In der Familie keine Augenerkrankungen. Ein Bruder, Julius v. R., ist ein bekannter, sehr begabter Maler, der mir berichtet, daß er in der Kindheit äußerst empfindliche Augen hatte, insbesondere helles Licht nicht vertragen konnte. Im 7. Lebensjahre überstand er eine lang anhaltende Conjunctivitis lymphatica. Dieser Fall ist in zweifacher Hinsicht interessant. Er zeigt, daß eine Organminderwertigkeit auch ohne sonderliche Erkrankung in der Familie bestehen kann. Andrerseits ist hier die höhere Ausbildung des minderwertigen Organes zum Künstlerauge wahrzunehmen.

Frau Elsa S., 24 Jahre alt, litt bis in ihre spätere Kindheit an heftigem Augenblinzeln. Ein Bruder der Dame ist hochgradig myopisch, der Vater war gegen Ende seines Lebens fast völlig erblindet. Auch hier finden wir die Verstreuung der Kennzeichen der Minderwertigkeit über den Stammbaum in verschiedenen Formen.

Alexandra E., 5 Jahre alt, stand wegen häufig rezidivierender Conjunctivitis catarrhalis und Blepharitis squamosa in Behandlung. Seit 2 Jahren tritt auch zeitlich unabhängig von Reizzuständen des Auges Blepharospasmus auf, der zeitweilig aussetzt und lange Pausen macht. Die Mutter war als Kind wegen Strabismus convergens operiert worden, hat beiderseits Astigmatismus und geringe Myopie.

III. Morphologische Kennzeichen

Unsere Betrachtung über die Minderwertigkeit der Organe versetzt die Anfänge der Minderwertigkeit in die Zeit des embryonalen Wachstums. So ist auch die Bedeutung der Heredität und der »Kinderfehler« im weitesten Sinne des Wortes verständlich, ihr Zusammenhang ersichtlich. Die Klarstellung von Organerkrankung, Heredität und Kinderfehler ermöglicht für viele Fälle den Beweis einer Organminderwertigkeit, gestattet in anderen Fällen zum wenigsten den Verdacht auszusprechen. Ein weiterer diagnostischer Behelf, dessen Bedeutung sich der der anderen drei anschließt, liegt in der Auffindung morphologischer Verkümmerungen, Verbildungen, »Degenerationszeichen«, die wir als morphologische Minderwertigkeiten bereits allgemein gekennzeichnet haben.

Die Organminderwertigkeit setzt sich im Individuum in der Regel genetisch durch und hindert embryonal oder funktionell zusammengehörige Teile an ihrer vollen Ausbildung. Meist kann man gleichzeitig die Insuffizienz eines zweiten oder dritten Organes erschließen, was begreiflich erscheint, da die Ursache der Organminderwertigkeiten in einem ausgebreiteten Mangel des Bildungsmateriales gelegen sein kann. Die Pathologie rechnet mit Degenerationen der inneren Organe in bestimmten Krankheitsfällen. Außerhalb dieser Krankheitsfälle haben wir in den Kinderfehlern eine periphere Äußerung von Organminderwertigkeiten kennen gelernt. *Wenn nun von dieser embryonalen Hemmung eine Spur bis an die äußeren Körpergrenzen reicht und sich so dem Auge des Forschers verrät, so geschieht dies in Gestalt der allgemein bekannten Degenerationszeichen,* über die heute eine große Fülle von Beobachtungen und Deutungen vorliegt. Ihre Wertung ist keine einheitliche. So viel ich aber sehe, gehen die Schlüsse, die an das Wesen der Degenerationszeichen geknüpft werden, allzusehr ins allgemeine, oder beschränken sich darauf, die degenerativen Anlagen des ganzen Menschen, die Minderwertigkeit seines Gesamtorganismus, vornehmlich seiner Psyche zu betonen. Diese Voreiligkeit hat die Degenerationslehre vielfach in Mißkredit gebracht, und neuerdings geht man daran, ihr Unhaltbarkeit in dieser Form statistisch nachzuweisen. Weniger wäre mehr! Was wir mit größerer Sicherheit von den Degenerationszeichen aussagen können, ist, daß sie die äußeren Spuren einer Organminderwertigkeit darstellen, die sich an dem ganzen Organ oder einzelnen seiner Teile in ähnlicher Weise finden läßt. Fügen wir noch hinzu, daß diese äußeren Spuren trotz Organminderwertigkeit fehlen können, daß sich die degenerative Anlage auf ein weiteres Organ erstrecken kann, daß die Stigmen der Minderwertigkeit dem Körperinnern angehören können oder in Ausfallserscheinungen der Funktion und, was später dargestellt werden soll, der zugehörigen Reflexe bestehen können, so halten wir die heute wahrnehmbaren Grenzen der »Degenerationslehre« für genügend gekennzeichnet.

Die Bedeutung auffindbarer äußerer Degenerationszeichen ist in diesem Rahmen eine unleugbare. Ihre Zugehörigkeit zu dem betreffenden Organ und die daraus hervorgehende Nötigung, im Gesamtorgan noch weitere Zeichen der Minderwertigkeit zu vermuten, erscheint demnach genügend motiviert und soll im folgenden an einzelnen Beispielen gezeigt werden. Es erweckt den Anschein, als hätte in solchen Fällen das Bildungsmaterial nicht völlig gereicht, um die Organentwicklung in voller Harmonie, mit ausreichender »Tektonik« zu beschließen. Und mit vollem Recht kann der Verdacht den zentralen Teilen des Organes zugewendet werden, kann man die Frage aufwerfen, ob nicht auch die tieferen oder zugehörige Teile morphologisch oder funktionell im Rückstande geblieben seien, wobei der funktionelle Mangel im allgemeinen als geringster Grad der primären Organhemmung anzusehen wäre, die morphologische Hypoplasie oder Aplasie als höchster Grad. Die auf diesem geschwächten Boden erwachsenden Schädigungen freilich sind nicht in der gleichen Weise abzustufen, erstens, weil funktionelles und morphologisches Defizit in verschiedenen Graden zusammentreffen können, zweitens, weil exogene Benachteiligungen, wie Infektion, die Schwere der Erkrankung in hervorragender Weise mitbestimmen. Dazu kommt noch, worauf schon öfters hingewiesen wurde, daß unter günstigen äußeren Bedingungen oder infolge von Kompensation die Minderwertigkeit des Organes verdeckt oder sogar überwunden wird. Was die funktionellen Hemmungen anlangt, so müssen wir neben motorischer Schwäche vor allem die dürftigere Ausbildung und das Fehlen von Reflexaktionen, Mikroreflexen, und quantitativ wie qualitativ veränderte Drüsensekretion erwarten.

Der häufige Befund von äußeren Degenerationszeichen bei anscheinend Normalen bietet also, in diesem Lichte gesehen, durchaus nichts Überraschendes. Das äußere Stigma kann ja – wie wir meinen, vereinzelt – den einzigen Mangel in der Ausbildung des Organes bedeuten. Aber auch bei Beteiligung des zugehörigen Organes an der Minderwertigkeit kann der Mangel, soferne er geringeren Grades ist oder durch andere Hilfen kompensiert erscheint, bei ziemlichem Wohlbefinden ertragen werden. Nur darf daraus nicht geschlossen werden, wie es gegenwärtig von einzelnen Autoren geschieht, daß den Degenerationszeichen ein orientierender Wert abzusprechen sei. Im Gegenteil! Der Arzt wird lernen, aus ihnen die geringere Widerstandsfähigkeit des derzeit noch leistungsfähigen Organs zu erschließen, brüske Schädigungen fernzuhalten. Und wie bei der Besprechung der funktionellen Minderwertigkeit muß auch hier hervorgehoben werden, wie oft Organe von geringgradiger Minderwertigkeit zu größerer Leistungsfähigkeit heranwachsen können wie die vollwertigen. *Die Ursache liegt in dem Zwange eines ständigen Trainings, in der den minderwertigen Organen oftmals anhaftenden Anpassungsfähigkeit und Variabilität und sicherlich auch in der durch die innere Aufmerksamkeit und geistige Konzentration auf das schwächere Organ erhöhten Ausbildung des zugehörigen nervösen und psychischen Komplexes.* Die zuletzt angeführte kompensatorische Ausbildung der Nervenbahnen umschließt unter anderem auch die Ausbildung der Reflexe, einer speziellen Schutzvorrichtung und Mobilisierung des Organes.

Es ist hier nicht der Platz, eine umfängliche Darstellung der Degenerationszeichen in meinem Sinne als periphere Stigmen der Organminderwertigkeit zu geben. Meine eigene Kasuistik wäre zu dürftig. Die Literatur allerdings bietet ausreichende Belege für diese Auffassung. Nur auf einige der wichtigsten Stigmen will ich hinweisen, wie sie sich mir im Zusammenhang mit Organminderwertigkeit darboten. Angeborene oder hereditäre Bildungsanomalien des Auges, der Lider, Pigmentanomalien der Iris (FUCHS), Schichtstar, angeborene Verengung einer Lidspalte, Myopie, Hypermetropie, Strabismus finden sich häufig bei Personen, die späterhin an anderen Augenaffektionen, Retinitis, Chorioiditis, Netzhautablösung erkranken. Funktionelle Defekte sind häufig von morphologischen Anomalien begleitet. Einer Affektion an einem Auge folgt nicht selten eine andere am zweiten Auge. Die Heredität von Anomalien am Sehapparat und von Augenaffektionen steht außer Zweifel. Die Frühanamnese ist fast immer mangelhaft. Auffällig ist, daß so viele Säuglinge längere oder

kürzere Zeit Strabismus zeigen und dies erst einige Zeit nach der Geburt. Es wäre nicht überraschend, bei hervorragenden funktionellen oder künstlerischen Fähigkeiten der Augen funktionelle oder morphologische Anomalien des äußeren Auges beim Individuum oder in seiner Familie zu finden.
Ähnliches läßt sich von den Affektionen des Gehörapparates im Zusammenhang mit äußeren Ohranomalien behaupten. Auch hier ist die Heredität offenkundig, kann beispielsweise bezüglich der Taubstummheit und Otosklerose als gesichert gelten. Allerdings nur in meinem Sinne als Vererbbarkeit der Organminderwertigkeit, die sich in verschiedener Weise und an verschiedenen Stellen manifestiert. So in der von mir beobachteten Familie S., in der 3 Geschwister an Otosklerose leiden, die anderen zwei hervorragende musikalische Begabung zeigen. Letzteres wird erklärlich durch den oft gegebenen Hinweis auf die Überkompensation im minderwertigen Organ. Einer der Brüder litt an häufig rezidivierendem Herpes der Ohrmuschel, der, wo ich ihn noch sah, als Hinweis auf Organminderwertigkeit (Mund, Nase, Harn- oder Geschlechtsorgane) Geltung bekam. Musiker leiden nicht selten an Ohraffektionen oder haben an solchen in der Kindheit gelitten. Der klassische Beleg ist Beethoven. Mozart soll ein verbildetes Ohr besessen haben. Die Tierärzte haben reichlich Gelegenheit, bei Hunden mit hängenden Ohren Ohraffektionen zu konstatieren.
In gleicher Weise stehen die Stigmen der Nase, Schleimhautwucherungen, Polypen, adenoide Vegetationen und die Anomalien des Mundes, der Zunge, der Zähne, des harten und weichen Gaumens, der Tonsillen mit Minderwertigkeiten des Atmungsapparates und Erkrankungsdisposition desselben im Zusammenhang. Ohne auf den Zusammenhang einzugehen, wurde dies Verhältnis gelegentlich von einzelnen Autoren hervorgehoben. Vielleicht am meisten zu Ansehen gelangt ist die Betonung des Zusammenhangs von Anomalien der Nase mit dem Bronchialasthma und von adenoiden Vegetationen oder Hypertrophie der Tonsillen mit geringerer Entwicklung des Brustkorbes und der Lungen. Ich brauche nicht umständlich auszuführen, daß prinzipiell nur das Verhältnis der Koordination statthat; später allerdings, wenn durch besondere

Wachstumsverhältnisse die Funktion oder die Hygiene des tiefer liegenden Anteils der Atmungsorgane beeinträchtigt wird, erscheint das periphere Stigma auch als ätiologisch belastet. Deviationen des Septums, Entwicklungshemmungen der Mundgebilde wie Uranoschisma, langes Zungenbändchen, schlechtes Gebiß, Zahnanomalien, minderwertiges, leicht blutendes Zahnfleisch, hoher Gaumen sind oft der sichtbare Ausdruck einer Minderwertigkeit des Respirationstraktes, die sich freilich nicht immer als spezielle Erkrankungsform darstellt. Heredität aber und Kinderfehler sind oft dabei wahrzunehmen, von letzteren insbesondere Stottern, Daumenlutschen, Saugen an den Lippen und allerlei Sprachfehler. Ebenso werden uns bei solchen Kindern sehr häufig Katarrhe der Luftwege, Pseudokrupp und Anginen begegnen, was bereits GUTZMANN und andere hervorgehoben haben. Eine Häufung dieser peripheren Stigmen ist nicht selten. Vorgreifend muß ich noch erwähnen, daß auch der Gaumenreflex recht oft dabei Veränderungen unterliegt, indem er sich als fehlend, schwach oder gesteigert erweist, während der Rachenreflex nach meinen Untersuchungen diesen Zusammenhang seltener erkennen läßt. Ebenso findet man diese Stigmen auffallend oft bei Neurosen, Sängern, Rednern und im Zusammenhang mit schwereren Erkrankungen des Respirationstraktes, sei es des Untersuchten oder seiner Verwandtschaft, von denen ich besonders die Lungentuberkulose hervorheben möchte.

Fräulein L. weist an der Oberlippe, entsprechend der Stelle der embryonalen linken Gaumenspalte eine kleine, wulstförmige Verdickung auf, die durch erweiterte Blutgefäße bläulich gefärbt erscheint. Der Wulst ist angeboren. Aus der Anamnese geht hervor, daß das Fräulein häufig an Kehlkopfkatarrhen und Bronchitiden leidet, sowie daß Vater, Mutter und ein Bruder an Lungentuberkulose gestorben sind. Gaumenreflex fehlt. Patientin weist leichte neuropathische Züge auf, die sich auf den Verdauungstrakt beziehen, leidet oft an Herzklopfen, Schlaf- und Appetitlosigkeit. Sie ist eine vortreffliche Sängerin (Sopran). Eine Schwester leidet an Angstanfällen und zeigt noch im Alter von 42 Jahren einen Sprachfehler in Form von Lispeln. Anknüpfend an diesen Fall möchte ich nur hervorheben, daß bei mir der Eindruck eines Zusammenhanges von schöner Singstimme und der von mir skizzierten Organminderwertigkeit feststeht und daß ich dafür einiges Material zur Verfügung habe.

Marie B., 12 Jahre alt, kommt wegen Stotterns und Lispelns zur Ordination. Vater an Lungentuberkulose gestorben. Bruder hat als Kind gleichfalls gestottert und steht derzeit wegen Halswirbelkaries in Behandlung. Mutter anscheinend gesund. Patientin zeigt ein auffällig schlechtes Gebiß, Schleimhautwucherungen der Nase und adenoide Vegetationen. Fortgang in der Schule schlecht. Gaumenreflex bei Patientin und ihrem Bruder mangelhaft.

Josef S., 50 Jahre alt, leidet an Angina follicularis, die häufig rezidiviert. Patient hat seit dem 5. Lebensjahre zahlreiche Anfälle von Asthma bronchiale, gegen die er bisher vergeblich ankämpfte. Schleimhautpolypen der Nase, adenoide Vegetationen und hypertrophische Tonsillen waren operativ entfernt worden. Von den anderen Stigmen fand sich bloß Prognathie. Im 7. Lebensjahre überstand Patient eine Lungen- und Rippenfellentzündung. Der Thorax des auffallend groß gewachsenen Mannes ist schmal und wenig gewölbt. In der Höhe der hinteren, linken Lungengrenze sitzt ein hanfkorngroßes Angiom. Vater des Patienten hat an Nasenpolypen gelitten und war einmal an Lungenentzündung erkrankt. Ein Bruder, der ebenfalls Prognathie aufwies, ist an Lungenentzündung gestorben. Eine 12jährige Tochter des Patienten überstand vor kurzem eine Lungen- und Rippenfellentzündung, ein Sohn mußte im Verlaufe einer Diphtherie tracheotomiert werden, ein zweiter Sohn wurde vor kurzem wegen Hypertrophie der Tonsillen operiert. Die Analyse dieses Falles erweist also als Grundlage des Asthmas eine hereditär gut nachweisbare Minderwertigkeit des Atmungsapparates, die sich bei einzelnen Familienmitgliedern auch peripher durch Auftreten von angeborenen Stigmen äußert. Kurz anfügen möchte ich noch, daß ebenso wie den Naevis auch Teleangiektasien und Angiomen ein wohlberechtigter Platz im Ensemble der Organminderwertigkeit gebührt. Wenn vor Jahren von einer Seite der Zusammenhang von Hautangiomen und Karzinomen der inneren Organe behauptet wurde, so ist der Zusammenhang wohl der, daß beiden eine Organminderwertigkeit zugrunde liegt. Der betreffende Autor ging zu weit. Die völlige Ablehnung aber, die seine Befunde erfuhren, scheint uns ungerechtfertigt. Die Stellung der Naevi, Teleangiektasien, Angiome, kurz aller angeborenen Hautanomalien zur Frage der Minderwertigkeit soll am Schlusse dieses Kapitels nochmals berührt werden.

Im vorhergehenden habe ich den Zusammenhang der Mundstigmen mit der Minderwertigkeit des Atmungsapparates zu schildern versucht. Es besteht aber gar kein Zweifel, daß sie in ebenso innigem Konnex zur Minderwertigkeit des Verdauungsapparates stehen; die gemeinsame periphere Mündung zweier Organe wird eben die Wertigkeit eines der beiden oder beider bewahren. Meine Erfahrungen sprechen nun dafür, daß alle oben genannten Stigmen des oralen Anteils oft als Leitfaden dienen können zur Aufdeckung von Minderwertigkeiten einzelner Bestandteile des Magendarmapparates, ebenso wie sie sich nicht selten bei Erkrankungen zugehöriger Organabschnitte vorfinden. Ein vollständiges Bild dieser Verhältnisse zu entwerfen vermag diese Studie nicht. Es muß aber darauf hingewiesen werden, daß Erkrankungen wie Appendizitis, Diabetes, Fettsucht, Alkoholismus, Ulcus rotundum, Lebererkrankungen nach meinen Erfahrungen in diesen Rahmen hineingehören, und daß die gleiche Argumentation für Karzinome und andere Geschwülste des Nahrungstraktes Geltung haben muß. Einiges von diesen Zusammenhängen ist in der Medizin bereits Gemeinplatz geworden, wenn auch die Deutung meines Erachtens unvollkommen geblieben ist und erst der Minderwertigkeitslehre entnommen werden kann. So der Zusammenhang von schlechten Zähnen und Magendarmstörungen. Oder die neuerdings von KRETZ betonte Verbindung von *Angina und Appendizitis, die von uns als koordinierte Erkrankungen an einem minderwertigen Organ angesehen werden. Ebenso ist die belegte Zunge bei Magen-Darmaffektionen zu deuten.*

Die gleiche Bedeutung haben Hernien und Stigmen, die sich um den Anus gruppieren, wie Hämorrhoiden, Fissuren, Prolaps, deren Zusammenhang mit Organminderwertigkeit, also auch mit oralen Stigmen, Kinderfehlern, Reflexanomalien, Neurosen am Stammbaum häufig nachzuweisen ist, deren Zusammenhang mit Erkrankungen am stigmatisierten Organ zumindest in der Familie oft in der oben dargelegten Weise zu erkennen ist.

Albert F., 32 Jahre, Gesangskomiker, hat vor 4 Jahren Lues

erworben und ist seit der Zeit von hypochondrischen Stimmungen gequält. Sein Vater litt viele Jahre an Gallensteinkoliken, die Mutter starb an Magenkarzinom. Patient war früher stets gesund und stand bloß einmal wegen eines »Sängerknötchens« in spezialistischer Behandlung. Gegenwärtig findet sich an der Oberlippe ein Herpes, der, wie Patient angibt, öfters rezidiviert. Gaumenreflex fehlt, Rachenreflex zeigt sich vermindert. Die Schneidezähne des Patienten sind sämtliche schief gestellt, zwei obere Schneidezähne fehlen. – Diese Zahnanomalien sind als äußeres Degenerationszeichen zu betrachten, dem eine Minderwertigkeit des Verdauungstraktes im Familienstammbaum entspricht: Vater und Mutter litten an schweren Erkrankungen dieses Apparates. Die Bedeutung des Herpes wurde schon berührt, die Schlundreflexanomalien weisen auf die gleiche Minderwertigkeit des Atmungsapparates hin, zu denen sich als weiteres Minderwertigkeitszeichen Sängerknötchen und Mangel des Gaumenreflexes gesellen. In die gleiche Richtung deutet der Beruf des Patienten. Die Bedeutung des »Sängerknötchens« müssen wir analog vielen anderen Anomalien in seiner Rolle als Stigma erblicken, welches uns das minderwertige Organ verrät, dasselbe Organ, das andrerseits seinen Besitzer in den Beruf eines Sängers oder Redners drängt.

Typisch erscheint mir folgender Fall: Ignaz C., Kaufmann, 50 Jahre alt, leidet seit vielen Jahren an hartnäckiger Obstipation. Er stammt aus einer fettleibigen Familie, in der Obstipation gerade nicht vorherrscht. Seit seiner Jugend ist Patient von Afterfissuren gequält, die jeder konservativen Behandlung bisher getrotzt haben. Ein Sohn zeigte Epignathie und starb im Alter von 15 Jahren im diabetischen Koma. Die Kindheitsanamnese des Sohnes ergab Incontinentia alvi bis ins 5. Lebensjahr und Lispeln als Sprachfehler. Beim Vater mangelnder Gaumenreflex, desgleichen bei der Tochter, die an einer schweren Hysterie erkrankt ist und eine Verkürzung der Oberlippe zeigt. – In diesem Falle finden wir neben den oralen Stigmen bei Sohn und Tochter, von denen dieses Kapitel handelt, Zusammenhänge, die in der Literatur mehrfach erwähnt sind, aber unerklärt blieben. Wir meinen das Verhältnis des Diabetes zur Fettleibigkeit, zur Neurose und zur Zahnverderbnis. Allen dreien kann, wie ich mich oft überzeugt habe, eine Minderwertigkeit des Nahrungsapparates zugrunde liegen, die im ersten Falle in sich selbst kompensiert, überkompensiert erscheint, im zweiten Falle (siehe später) die zugehörigen Nervenbahnen miteinbezieht und sich nur im dritten Falle unverhüllt deklariert. Der dabei mangelnde Gaumenreflex legt uns den Gedanken einer wenig exakten Ausbildung des zugehörigen Reflexapparates nahe, eine Hemmung, die sich bei Diabetes weiterhin im Mangel des Patellarsehnenreflexes aussprechen kann. –

Das periphere Stigma braucht durchaus nicht von besonderer Art zu sein. Ein anderer Schluß als der auf Minderwertigkeit des Ernährungstraktes ist, wie schon öfters betont wurde, unzulässig. Und vollständige Gewißheit ist erst aus der Vielheit der Minderwertigkeitssymptome zu gewinnen, was im allgemeinen nicht allzu schwer fällt. Dafür möge folgender Fall ein Beispiel bieten:

Käthe H., 24 Jahre alt, hat vor 5 Jahren schon fast sämtliche Zähne des Oberkiefers eingebüßt und trägt ein falsches Gebiß. Patientin kommt zur Behandlung infolge von Appetitlosigkeit, die bereits seit 6 Monaten anhält. Es finden sich weder spontane Schmerzen noch Druckempfindlichkeit. Während der 6monatlichen Periode der Appetitlosigkeit ist dreimal Erbrechen aufgetreten, auch dieses ohne Vorangehen von Schmerzen. Patientin gibt an, vor 4 Jahren einmal Blut gebrochen zu haben. Als Kind hat sie an häufigem Erbrechen gelitten und ist zuweilen »vor Üblichkeit« bewußtlos umgesunken. Die gegenwärtige Erkrankung soll sich an heftige Aufregungen angeschlossen haben. Der Befund an den inneren Organen war negativ. Aus der Symptomatologie dieser Appetitlosigkeit soll noch ein besonderer Ekel vor Fleisch hervorgehoben werden. Die Abmagerung während der Erkrankung wird mit 3 Kilo Gewichtsverlust angegeben. *Gaumen- und Rachenreflex* zeigten sich gesteigert. Der Fall ließ sich als Magenneurose an, zog sich unter geringfügiger Besserung in die Länge, bis nach zwei Monaten plötzlich Darmkoliken, heftiges Erbrechen und intensive Druckempfindlichkeit in der Gegend des Appendix auftraten, die unter Fieber eingesetzt hatten. Nach operativer Entfernung des erkrankten Appendix trat vollständige Heilung ein. Nur zeigt sich zuweilen im Anschlusse an Migräne Erbrechen.

Die Analyse zeigt uns wieder den peripheren Befund, die

Reflexanomalie des Gaumens, wie ich sie bei Ulcus rotundum und Appendizitis einige Male gefunden habe – meist Steigerung, selten Mangel des Gaumenreflexes –, die bis in die frühe Kindheit reichende Anamnese und – was die relative Seltenheit des Falles ausmacht – Erkrankungen an verschiedenen Stellen, der Zähne, des Magens, des Appendix. – In der Literatur finden sich Hinweise auf Magenblutungen bei Appendizitis, die wir wie im obigen Falle, bei dem beide Erkrankungen zeitlich auseinanderliegen, auf die Einheit einer Magen-Darmminderwertigkeit zurückführen müssen. Aber auch die Verknüpfung von Neurose mit Appendizitis macht diesen Fall bemerkenswert. Die Anamnese wenigstens entrollt uns das Bild einer kindlichen Hysterie und auch die der Appendizitis voraufgegangene Appetitlosigkeit trägt den Charakter der Neurose. Auffällig ist auch der Ekel vor Fleisch, einer psychischen Abwehr des minderwertigen Organs, den wir auch aus der Symptomatologie des Magenkarzinoms – gleichfalls einer Erkrankung auf dem Boden der Organminderwertigkeit – kennen. Schon hier möchten wir hervorheben, daß diese psychische Abwehr einer Kompensation im Zentralnervensystem entstammt, die mit dem gesteigerten Gaumenreflex in Parallele zu setzen ist. –

Überhaupt ist die Zahnbildung und ihre Mängel ein wichtiger Index für die Minderwertigkeit des Ernährungstraktes. Schon bei rachitischen Kindern ist das Zusammentreffen von schlechter oder später Zahnentwicklung und Magendarmstörung eine Tatsache, deren Verfolgung interessante Ergebnisse verspricht. Hieran anknüpfend erwähne ich bloß die häufig anzutreffende Fettleibigkeit, die mir eine Folge der Überkompensation des minderwertigen Magens, Darms und seiner Anhänge zu sein scheint, und dies nicht etwa bloß bei rachitischen Kindern, sondern auch bei Erwachsenen. Ich habe wiederholt bei höheren Graden von Adipositas alle Merkmale wiedergefunden, wie ich sie bei Darmminderwertigkeit erwarte. Oder wenigstens einzelne von ihnen. So Heredität und die betreffenden Stigmen in der Heredität oder Erkrankungen, die sich im Magendarmtrakt abspielten. Ebenso Obstipation oder unwillkürliche Darmentleerungen in früher Kindheit. In meiner kleinen Kasuistik über Diabetesfälle findet sich manches einschlägige Material, wie ja auch der Zusammenhang von Diabetes und Fettleibigkeit allseitig anerkannt ist. Ferner kann man die später zu besprechenden Gaumenreflexanomalien häufig nachweisen.

Ein Fall, der manchen der angedeuteten Zusammenhänge aufweist, ist folgender:

Friederike U., 6 Jahre alt, von gesunden Eltern stammend – der Vater ist fettleibig und gehört einer zu Adipositas neigenden Familie an –, erkrankte während des Landaufenthaltes an häufig sich wiederholenden Diarrhöen, die mit heftigen Schmerzen einhergingen. Im 2. Lebensjahr hat Patientin einen länger währenden Darmkatarrh durchgemacht. Sie stand wegen *Prognathie*, die außer bei der ältesten, 11 Jahre zählenden Schwester nirgends in der Familie anzutreffen ist, in Behandlung eines Zahnarztes, als sich bei erneuten Darmkoliken die vorliegende Darmaffektion als *Appendizitis* entpuppte, was sich bei der Operation bestätigte. Zwei Jahre vorher hatte sie eine Operation wegen adenoider Vegetationen durchgemacht und läßt bis heute näselnde Sprache und deutliches Anstoßen mit der Zunge beim Sprechen erkennen. Der Gaumenreflex war bei diesem Kinde sowie bei ihren zwei Schwestern exzessiv gesteigert. Nachträglich erfuhr ich, daß der Vater, ein stets gesunder Mann, bis zur Pubertät an nächtlichem Bettnässen und unwillkürlichen Kotabgängen ebenso wie einige seiner nunmehr recht beleibten Geschwister gelitten habe. Die älteste Schwester der Patientin leidet seit frühester Kindheit an Obstipation und zeigt nach Aufregungen in der Schule oder im Hause prompt Appetitlosigkeit. Sie erweist sich als nervöses Kind, das häufig an Kopfschmerzen leidet, auch zeitweilig über Koliken klagt, ohne daß der Verdacht einer Appendizitis gerechtfertigt wäre. Fissuren am After und ischiadische Schmerzen treten häufig bei ihr auf und verschwinden nach kürzerer Zeit. Die zweite Schwester ist gesund.

Die Analyse dieses Falles ist nach dem Gesagten einfach. Hinzufügen muß ich noch, was ich aus anderen Fällen bestätigen kann, wie sehr sich Appendizitis und die sogenannte Pseudoappendizitis berühren. Es ist das gleiche Verhältnis wie zwischen Magenneurose und etwa Ulcus ventriculi. Beide finden sich zuweilen an einem Stammbaum, können in einzelnen Fällen sogar ineinander übergehen. Immer aber wird sich der Nachweis des minderwertigen Bodens in der von mir vorgeschlagenen Weise erbringen lassen.

Ich muß zum Schlusse dieses Kapitels noch einer Erscheinung gedenken, die sich anscheinend dem bisher gezeichneten Schema nicht völlig einfügt. Geht doch meine Behauptung dahin, die Bedeutung der äußeren Stigmata als Zeichen für die Minderwertigkeit des zugehörigen Organes festzulegen. *Es gibt nun eine Anzahl von äußeren Stigmen, bei denen vielleicht die Annahme einer Minderwertigkeit ihres zugehörigen Organes, der Haut, sich erweisen ließe, die aber fraglos eine innigere Beziehung zeigen zu den ihnen segmental zugehörigen inneren Organen, so daß ihre Anwesenheit eine Minderwertigkeit des Segmentes, eine »segmentale Insuffizienz« anzeigt.*
In den vorhergehenden Zeilen habe ich öfters auf sie hingewiesen. Soweit ich ihre Rolle hervorheben kann, handelt es sich um Naevi aller Arten, um Angiome der Haut, um äußerlich sichtbare Teleangiektasien und um Neurofibrome. Ihr hereditäres Vorkommen ist kaum zu bezweifeln. Die gelegentliche Umwandlung des Naevus in ein Karzinom wurde schon oben in meinen Bemerkungen zu einer Theorie des Karzinoms auf Grund der Minderwertigkeitslehre in ihrer Bedeutung hervorgehoben.* Ferner muß ich VIRCHOWS Erörterungen über das fissurale Angiom als einer fötalen Entwicklungshemmung an dieser Stelle anziehen und in ihnen eine Etappe zu meiner Auffassung von den Zeichen der segmentalen Minderwertigkeit erblicken. Aus der Literatur kann man reichlich Material schöpfen, das sich in meinem Sinne deuten läßt. Ich muß diese reizvolle Aufgabe auf später verschieben. Ebenso wenig kann ich hier auf die Lehren HEADS eingehen, deren Zusammenhang mit der vorliegenden Auffassung sofort klar wird, wenn man mit mir Segmenterkrankungen annimmt, die durch die segmentale Minderwertigkeit vorbereitet werden.
Ich will hier einige der frappanten Befunde anführen, wie man sie bei aufmerksamer Verfolgung der hier skizzierten Ideen gewiß häufig findet. Da muß ich nun vor allem hervorheben, daß sich *Naevi bei Lungentuberkulose* des

---

* Wie ich zur Zeit der Niederschrift meiner Studie aus einem Referat entnehme, scheint sich meine Auffassung des Karzinoms mit der BORSTS (Würzburger Abhandlungen) enge zu berühren.

Patienten oder seiner Angehörigen ungemein häufig vorfinden. Sie sitzen an den verschiedensten Stellen des Thorax, auf der gesunden, auf der erkrankten Seite und nicht selten in der Höhe der Erkrankungszone oder etwas höher. Fälle wie die folgenden sieht man oft:
Wladimir T., 23 Jahre alt, Student, klagt seit 2 Monaten über Husten und Druck auf der Brust, schwitzt häufig des Nachts und behauptet, stark abgemagert zu sein. Der Thorax ist wenig gewölbt, größter Umfang bei dem Manne von Mittelgröße 82 cm. Lungenschall RHO etwas verkürzt. Die Auskultation ergibt RHO bis RHM feinblasiges Rasseln im Inspirium, ebenso, nur spärlicher, einwärts vom rechten Schulterblatt. Zähne gesund, Gaumen höher gewölbt, Gaumenreflex stark erhöht. *Bei Berührung des weichen Gaumens verschwindet das Zäpfchen, ohne daß eine besondere Brechneigung wahrzunehmen wäre. Über der Mitte des rechten Schulterblattes sitzt ein Naevus pigmentosus, also ungefähr in der Projektion des unteren Randes des wahrnehmbaren Krankheitsherdes.* Die Mutter des Patienten hat als 18jähriges Mädchen an Lungenspitzenkatarrh gelitten und hatte nach längerer klimatischer Kur eine Ausheilung erzielt. Sie befindet sich derzeit im 43. Lebensjahre und war seither stets gesund. Ein Bruder des Patienten befindet sich zurzeit wegen rechtsseitigen Lungenspitzenkatarrhs in einer Heilanstalt in Davos.
Johann K., 25 Jahre alt, Student, hat vor 6 Jahren an Hämoptoë gelitten. Vor kurzem erkrankte er an linksseitiger trockener Pleuritis. Gaumenreflex aufgehoben. *Am Thorax vorn und rückwärts zerstreute Naevi.* Häufiger Befund.
Hans S., 5 Jahre alt, steht wegen Darmautointoxikation in Behandlung. *Knapp über dem linken* POUPART*schen Bande befindet sich ein hanfkorngroßer Naevus. An der gleichen Stelle rechts trägt sein Vater, ein ehemaliger Bettnässer, einen Testikel, der nicht den normalen Deszensus durchmachte.*
Auf den Fall Nadja J. – Naevus rechts über dem Niveau der Nasenöffnung, deren Mutter an linksseitigem Oberkieferkarzinom leidet – habe ich in den Bemerkungen zur Theorie des Karzinoms bereits hingewiesen.
David K., 82 Jahre alt, hatte früher nur an Obstipation (Darmminderwertigkeit) und zeitweise auftretenden

Kolikanfällen in der Gegend der Gallenblase gelitten. Seit einem Jahre besteht hochgradige Abmagerung und Appetitlosigkeit. Bei wiederholten Prüfungen erweist sich der Gaumen- und Rachenreflex als fehlend. In der Gegend der Gallenblase ist ein rundlicher, harter Tumor von Walnußgröße zu tasten. Die Leber ist vergrößert, von höckerigem Gefüge und auf Druck schmerzhaft. Im Urin, dessen Menge mäßig vermehrt ist, finden sich 5 % Zucker, kein Azeton, keine Azetessigsäure. Nach einigen Tagen Somnolenz, aus der sich Patient wieder erholt, immer zunehmender Ikterus, nach einem Monat Exitus. Diagnose: Karzinom der Gallenblase. Etwas unterhalb und seitlich von dem Tumor sitzen ein linsengroßer Naevus pigmentosus und ein kleines Hämangiom der Haut. Zwei Töchter des Patienten zeigen die vorher erwähnten Stigmen der Organminderwertigkeit, Epignathie und fehlerhafte Stellungen der oberen Schneidezähne und sind mit Fehlern der Aussprache behaftet. Bei den Eltern sind ähnliche Befunde nicht zu erheben.
Daß auch die Erkrankungen der Schilddrüse aus dem Charakter der Minderwertigkeit ihren Ursprung nehmen, wäre leicht zu erweisen. Wir erwähnen folgenden Fall wegen seiner Zugehörigkeit zur segmentalen Minderwertigkeit.
Frau Rosalie G., 46 Jahre alt, besitzt seit ihrer Jugend eine rechtsseitige Struma cystica von Walnußgröße, die mehrfach punktiert worden war. Rechts am Halse und Nacken befinden sich zahlreiche, links wenige Naevi pigmentosi. Die Patientin, die über langjährige Heiserkeit und häufigen Husten klagt, zeigt hochgradig gesteigerten Gaumenreflex. Universelle Adipositas.
Josef Sch., Agent, 55 Jahre alt, klagt über Obstipation und Hämorrhoidalblutungen. Völliger Zähnemangel seit dem 25. Jahre. Links über dem offenen Leistenring sitzt ein Naevus pigmentosus. Keine Hernie. Sein Sohn Paul, 19 Jahre alt, mit einem Sprachfehler behaftet, leidet an einem linksseitigen Leistenbruch.
Albert K., Privatier, 42 Jahre alt, klagt über anfallsweise auftretende heftige Schmerzen in der Herzgegend, »wie wenn sich etwas bläht«, die ins linke Schultergelenk und in den linken Arm ausstrahlen. Patient war stets gesund. Lues wird negiert, mäßiger Potus zugegeben. Der Vater des Patienten war bis ins hohe Alter gesund, die Mutter starb

mit 31 Jahren an Perikarditis. Diagnose: Angina pectoris infolge von Arteriosklerose. Im Niveau der Herzspitze finden sich zahlreiche Teleangiektasien, die wie ein Band die vordere linke Thoraxhälfte umspannen. Am Rücken, in der Höhe des Angulus scapulae, links und rechts mehrere Naevi.

Anton E., Mechaniker, 48 Jahre alt, war stets gesund. Sein Vater, ein bekannter Arzt, starb im Alter von 62 Jahren an einer Magenblutung. In der Magengegend, eine Fingerbreite unter dem Thoraxrand, sitzt ein hanfkorngroßes Angiom, im selben Niveau nach rechts befinden sich zwei kleinere Angiome.

Wolfgang St., Fabrikant, 56 Jahre alt, leidet an beginnender Arteriosklerose. Hat in den dreißiger Jahren die meisten Zähne des Oberkiefers verloren und trägt seither ein falsches Gebiß. Gaumenreflex des Patienten sowie seiner zwei Söhne ist hochgradig gesteigert. Der Vater des Patienten ist an einer Lungenentzündung, die Mutter an Magenkarzinom gestorben. *Knapp unterhalb des Thoraxrandes, ungefähr in der linken Mamillarlinie, sitzt ein erbsengroßer Naevus pigmentosus.* Auf der linken Rückenhälfte sitzen zwei kleine Neurofibrome, das größere, etwa erbsengroß, einen Finger breit unter dem Angulus scapulae, das kleinere unter der Spina scapulae. Nach unseren Auseinandersetzungen ist der Gedanke gerechtfertigt, daß von den zwei Neurofibromen das untere ein Erbstück der Mutter, das obere das des Vaters ist.

Wer den Komponisten Bruckner kannte, wird sich erinnern, daß er in der Höhe des Ohrläppchens unter dem Jochbogen einen Naevus sitzen hatte. Ich möchte auch in diesem Falle einen Ausdruck der Gehörsminderwertigkeit erblicken, der sich in segmentaler Anordnung durchgesetzt hat. Die außerordentlich künstlerische Höhe hat Bruckner, wie wahrscheinlich alle großen Komponisten, auf dem Wege der Überwindung seiner Gehörsminderwertigkeit und ihrer Umwandlung in geniales, schöpferisches Hören errungen.

Bevor wir dieses Kapitel schließen, wollen wir einigermaßen den Anschluß an die bestehenden Ergebnisse der Pathologie bewerkstelligen. Wie ich schon mehrmals erwähnt habe, wurde von SCHICK und SORGO der Zusammenhang von bestimmten Abänderungen der Brustdrüse und der Lungentuberkulose nachgewiesen. Dieser Befund sowie die Hervorhebungen FRÄNKELS bezüglich der Thoraxenge und ROTHSCHILDS bezüglich des Sternalwinkels bei Lungentuberkulose scheinen mir, wenn auch undeutlicher als meine Befunde, im Charakter der segmentalen Minderwertigkeit begründet zu sein. Nur daß in diesen Fällen ein vielleicht noch nicht erkranktes Segment seine Minderwertigkeit deklariert, während sich die Erkrankung in einem der angrenzenden oder nächstgelegenen Segmente lokalisiert. Ich selbst habe einseitige oder doppelseitige Verkleinerung des Warzenhofes, aber auch Verkürzung der Mamillae bei Frauen gesehen, die wegen Mangel an Milch die Stillung aussetzen mußten. Mangel an Milch sah ich auch bei Behaarung des Warzenhofes (Frau Lina T., deren Mutter an Mammakarzinom gestorben war).

IV. *Reflexanomalien als Minderwertigkeitszeichen*

Daß sich die Minderwertigkeit nicht unter allen Umständen geltend macht, haben wir öfters schon hervorgehoben. Hinzuzufügen wäre noch, daß zumeist erst dann die Feststellung eines Defizits möglich wird und in die Augen fällt, wenn sich die Minderwertigkeit auch irgendwie im Ausfall einer Funktion, in einem Mangel der Leistung nachweisen läßt. Denn in diesem Punkte erst, sei es bei aufrechterhaltener Gesundheit oder im Stadium der Erkrankung, wird sie fühlbar und zwingt zu einer Überlegung des Sachverhalts. Was wir der Natur der Sache nach an Ausfallserscheinungen erwarten können, wird sich darstellen als motorische Insuffizienz, als mangelhafte Produktion zugehöriger Drüsensekrete und vor allem als dürftigere Ausbildung oder Fehlen von Reflexaktionen aller Art, aber auch als deren Gegenteil, als motorische Überleistung, als Hypersekretion und als Steigerung der Reflexe.
Als Paradefall motorischer Schwäche wäre etwa VIRCHOWS Hypoplasie des Gefäßsystems anzusehen. Mangelhafter Produktion begegnen wir beispielsweise bei gewissen Schilddrüsenerkrankungen oder bei der Chlorose (KAHANE). Wir wollen unser Augenmerk an dieser Stelle besonders dem Mangel und den Übertreibungen der Reflexe, insbesondere der Schleimhautreflexe, zuwenden, weil für diese einigermaßen Material vorliegt und mir ihr Zusam-

mentreffen mit anderen Minderwertigkeitszeichen verbürgt erscheint. So kommt es, daß sich der Befund dieser Reflexanomalien vorzüglich zur Aufdeckung einer Organminderwertigkeit eignet.

Die folgende Untersuchung erstreckt sich durchaus nicht auf die ganze große Zahl der bekannten Haut- und Schleimhautreflexe. Ich mußte mich begnügen, gerade nur eine Minderzahl einer systematischen Durchmusterung zu unterziehen und will vor allem nur den Gaumen- und den Konjunktivalreflex aus ihnen hervorheben. Vorher aber müssen wir eine Art von Reflexen streifen, deren Vorhandensein sich wohl der unmittelbaren Erkenntnis entzieht, aber doch kaum geleugnet werden kann. Es unterliegt nämlich keinem Zweifel, daß im Innern der Organe, insbesondere von der Schleimhaut röhrenförmiger Gebilde aus, vielleicht an jedem Punkte durch irgend welche Reizvorgänge Reflexaktionen ausgelöst werden können, die für die Fortbewegung von Sekreten und Exkreten von größter Wichtigkeit sind. *Wenn ich aus der Analogie mit den später anzuführenden Erscheinungen Schlüsse ziehen darf, so scheint es mir sicher, daß gewisse Erkrankungen, z. B. Cholelithiasis, Nephrolithiasis, Zylindrurie,* CURSCHMANNS *Spiralen, mit einer verminderten Reflexfähigkeit im zugehörigen Organteil zusammenhängen, ohne etwa durch sie ausschließlich bedingt zu sein.*

Der Mangel des Gaumen- und Konjunktivalreflexes sind allbekannte Vorkommnisse, die aber bisher in der Medizin eine geringe Rolle spielen. Noch weniger Beachtung fanden Steigerungen dieser Reflexe. Die allgemein üblichen Betrachtungen, die sich an derartige Befunde, insbesondere der Abschwächung, knüpften, bestehen zumeist in dem Hinweis auf die Zugehörigkeit zur Hysterie, was übrigens von anderer Seite wieder bestritten wird. Sehen wir der Einfachheit wegen von organischen Nervenaffektionen ab, *so muß ich die Behauptung aufstellen, daß sowohl der Mangel als auch die auffällige Verstärkung dieser Reflexe als Attribute einer Organminderwertigkeit aufzufassen sind.* Als Beweis mache ich folgendes geltend:

1. Diese Reflexanomalien finden sich ungemein häufig in der Heredität oder treten auf, wo in der Heredität Erkrankungen des zugehörigen Organes nachzuweisen sind;

2. sie stehen in der gleichen Weise mit Kinderfehlern in Zusammenhang wie die Stigmen;
3. sie finden sich in Verbindung mit Stigmen der Mundzone oder wenn solche Stigmen in der Heredität vorkommen;
4. sie finden sich in Verbindung mit Erkrankungen des zugehörigen Organes oder wenn solche Erkrankungen am Stammbaum vorliegen.

Bevor wir die Belege und Hinweise aus der Kasuistik in Betracht ziehen, müssen wir einige Details vorbringen, die bei Nachuntersuchungen Berücksichtigung verdienen. So bezüglich der Prüfung der Reflexe. Die Autoren lassen keinen Zweifel über den Zusammenhang der Reflextätigkeit und der Psyche. Einiges soll hier noch hinzugefügt werden. Wenn man sich beispielsweise auf die Prüfung des Gaumenreflexes einläßt, so kann man leicht finden, daß das Ergebnis variiert, je nachdem der Patient durch die Prüfung beeinflußt wird. So kann es geschehen, daß eine zweite Untersuchung durch Berührung des Gaumens in der Höhe des Uvulaansatzes einen größeren Ausschlag im Sinne eines Würgreflexes ergibt, aber auch einen kleineren. Im ersten Falle muß angenommen werden, daß durch die erste unvermutet vorgenommene Prüfung beim Patienten ein Ekelgefühl rege geworden ist, das bei der zweiten Berührung sich bereits manifestiert. Es ist klar, daß wir es in diesem Falle nicht mehr mit der normal vorhandenen Reflextätigkeit am weichen Gaumen, sondern mit einer psychisch begründeten und vertieften Ausstrahlung zu tun haben, die zuweilen steigerungsfähig und mit einer Affekterscheinung verwandt ist. Ich werde durch folgende Ergebnisse in dieser Auffassung bestärkt: die Prüfung des Würgreflexes durch Berührung des Rachens, der hinteren Rachenwand, ist oft positiv, wo die Berührung des weichen Gaumens kein Ergebnis liefert; der weiche Gaumen scheint in diesen Fällen aus der Reflexzone ausgeschaltet zu sein. Dieses Verhältnis findet sich ziemlich häufig bei Kindern bis zum 2. oder 3. Lebensjahr. Außerdem ist mir noch aufgefallen, daß bei kleinen Kindern durch die Berührung der hinteren Rachenwand kein Würgreflex, sondern oft Husten ausgelöst wird, was mich in der Auffassung bestärkt, daß Reflexanomalien des Gaumens und Rachens sowie die früher besprochenen Stigmen an dieser Stelle auch einer Minderwertigkeit des Atmungsapparates entspringen können. Die Ausbreitung der Würgreflexzone auf den weichen Gaumen kann aber durch wiederholte Prüfung oder brüske, vom Patienten vorher erwartete Berührung provoziert werden und das Ergebnis ist dann nicht mehr einwandfrei. Eine weitere Bestätigung erfährt meine Auffassung durch nicht allzu seltene Fälle, die den Würgreflex schon vor der Berührung des weichen Gaumens zeigen. So konnte ich bei einem 4jährigen Mädchen einen gesteigerten Würgreflex hervorrufen, wenn ich mit einem dünnen Stäbchen bis hinter die Zahnreihe gelangte, ohne den Gaumen oder die Zunge berührt zu haben, was um so auffälliger war, als das Kind infolge eines Wolfrachens einen Mangel des mittleren hinteren Anteils des weichen Gaumens aufwies. In 3 Fällen war es mir unmöglich, auch nur die Öffnung des Mundes zu erzielen. Unter Lachen, Ängstlichkeit und Andeutung von Würgbewegung wurde die Inspektion verweigert. 2 Fälle davon betrafen Köchinnen, die seit längerer Zeit in Wien in Dienst standen und durchaus nicht unintelligent waren. Auch Schäden im Munde, deren sie sich etwa geschämt hätten, waren nicht vorhanden. Der 3. Fall betraf eine gebildete Dame, die seit vielen Jahren an rezidivierenden Tonsillarabszessen litt. Die Inzision mußte stets unterbleiben wegen der Unmöglichkeit, der Patientin eine Sonde oder ein Messer in den Mund zu bringen. In der Zeit, wo sich keine Abszesse gebildet hatten, fand ich das gleiche Verhalten. Zwei Söhne der Patientin zeigten ein ähnliches Verhalten, das den Eindruck machte, als sei die Würgreflexzone bis an die Augen verbreitert und werde durch die *Erwartung* einer Berührung im Rachen bereits irritiert. Die Berührung des Gaumens muß also einmal und ohne daß sie der Untersuchte erwartet, geschehen, stellt aber gegenüber der Berührung der hinteren Rachenwand das feinere Reagens auf die Reflextätigkeit des Rachens dar.

Noch leichter einzusehen ist die Beherrschung dieser Reflexfähigkeit durch den Willen. Doch habe ich den Eindruck, daß ein einigermaßen gesteigerter Würgreflex durch den Willen nicht völlig hintangehalten werden kann.

Diese Überlegungen und der Eindruck, den ich an einer großen Reihe von Säuglingen und kleinen Kindern gewann*, daß der Gaumenreflex eine Leistung der psychomotorischen Sphäre in der postembryonalen Zeit sei, veranlassen mich, alle Anomalien der Schleimhautreflexe als fehlerhafte Leistung eines minderwertigen Organes hinzustellen. Der reine Typus dieser fehlerhaften Leistung, die mit den früher besprochenen Kinderfehlern eine große Verwandtschaft zeigt, ist der Mangel des Reflexes, während der Steigerung der Charakter der Überkompensation beizumessen ist. Die Vorgänge, die zur Steigerung des Reflexes führen, knüpfen offenbar an ein minderwertiges, aber leistungsfähigeres Nervenmaterial an, steigern dessen Energie und Einfluß auf die Reflexzone und erzwingen so die höhere Reflextechnik. Wie später noch gezeigt werden soll, steht das minderwertige Organ mit seinem psychischen Überbau fast regelmäßig im Brennpunkte des Interesses seines Trägers. Es ist das mißratene, aber verhätschelte Organ, das infolge bewußter und unbewußter Aufmerksamkeit stets die Psyche in Erregung erhält. Neu anlangende Reize – die Leitung zum Gehirn ist ja trotz Reflexmangel zumeist ungestört – gelangen so nach und nach in ein Gebiet höherer psychischer Spannung, die um so größer ist, je weniger durch motorischen Reflex von ihr abgeführt wird. Dieser Zustand kann durch das ganze Leben andauern. Recht häufig aber scheint sich in früher Kindheit offenbar auf dem Wege der Kompensation eine Erhöhung der Reflexfähigkeit durchzusetzen, die in gleicher Weise von der ursprünglichen Minderwertigkeit des zugehörigen Organes, zuweilen auch des Segmentes Zeugnis ablegt.

Was nun die Ergebnisse meiner Untersuchungen bezüglich des Gaumenreflexes anlangt, so fügen sie sich, wie auch die Erfahrungen beim Konjunktivalreflex, ganz meiner bisherigen Darstellung. Man findet Mangel oder Steigerung des Gaumenreflexes bei den verschiedensten Erkrankungen des Ernährungs- und Respirationstraktes, vor allem bei Angina, Lungentuberkulose, Nasen- und Kehlkopferkrankungen und bei bestimmten Berufen, zu deren Erfüllung das Entgegenkommen eines minderwertigen, aber überkompensierten Organes nötig ist, wie bei Sängern, Rednern und Instrumentenbläsern. Ich konnte mich in allen diesen Fällen von dem Überwiegen eines Reflexman-

---

* Das Material verdanke ich zum Teil der Liebenswürdigkeit des Herrn Dr. RIE.

gels überzeugen. Den Einwand, daß hier keine Koordination, sondern eine durch die Krankheit oder den Beruf bedingte Anomalie vorliege, kann ich durch den Hinweis auf die Heredität der Reflexanomalie ohne weiteres beseitigen; der übermäßige oder fehlende Gaumenreflex findet sich fast immer bei den engeren Gliedern der Familie wieder, ohne daß die Anomalie mit Krankheit oder Beruf im Zusammenhang sein müßte. Andrerseits geht aber aus meiner Auffassung eine Erklärung der Tatsache hervor, daß so häufig Mitglieder der gleichen Familie der gleichen Krankheit anheimfallen oder immer wieder den gleichen, meist künstlerischen Beruf ergreifen. Ein drittes darf nicht übersehen werden, daß die Anomalie vorhanden sein kann, ohne sich mit Krankheit oder Beruf zu verbinden, sowie daß die Reflexfähigkeit trotz Krankheit oder Beruf normal erscheinen kann, aus Gründen, die wir schon öfters anführten, insbesondere, weil sich die Minderwertigkeit des Organes anderswie oder an anderer Stelle manifestieren kann. Vielleicht noch häufiger sind Zusammenhänge der Gaumenreflexanomalien mit Magendarmerkrankungen zu konstatieren. Vor allem scheint mir der Mangel des Gaumenreflexes, seltener erhebliche Steigerung bis zum Verschwinden der Uvula, fast regelmäßig an hysterische Manifestationen des Magendarmapparates, zuweilen des Respirationstraktes geknüpft zu sein. Hysterisches Aufstoßen, Erbrechen, Singultus, Schreikrampf, Aphonie, das vielgestaltige Bild der Magen- und Darmneurosen zeigen fast regelmäßig das Bild der Gaumenreflexanomalie. Wenn die herrschende Auffassung den Mangel des Gaumenreflexes als Verdachtsmoment für Hysterie ansieht, so ist sie bis zu einem gewissen Grade im Recht, ebenso aber auch die Gegner, weil, wie wir später sehen werden, die hysterischen Manifestationen von anderen minderwertigen Organen ihren Ausgangspunkt nehmen können, so daß die orale Zone dann als normal erscheint. Was organische Erkrankungen anlangt, so konnte ich mich überzeugen, daß zwischen Appendizitis, Pseudoappendizitis, Ulcus rotundum, Gallensteinerkrankungen, Diabetes, Karzinom der Gallenblase, chronischer Obstipation, Fettsucht, vielleicht auch chronischem Alkoholismus und unserer Reflexanomalie die gleichen Zusammenhänge gelten, wie sie zwischen Krankheit und Kinderfehlern oder zwischen Erkrankung und Stigma nachweisbar sind.

Ich kann nicht umhin, schon an dieser Stelle darauf zu verweisen, wie groß die Verwandtschaft zwischen Reflexanomalie und Kinderfehlern ist. Beide sind funktionelle Anomalien am minderwertigen Organ, die so lange währen können, bis ihnen durch kompensatorisches Eingreifen des Zentralnervensystems, der Psyche, ein Ende bereitet wird. Ferner ist die Erscheinungsweise vieler Kinderfehler nichts anderes als ein meist fortgesetzter gesteigerter Reflex. So der Blepharospasmus, der seltenere Nystagmus, das Daumenlutschen und Lippensaugen (siehe Saugreflex), das Stottern, das Erbrechen, die Enuresis, die Incontinentia alvi. Sie alle sind nicht von außen, sondern von innen angeregt und stehen unter dem Impuls des Zentralnervensystems. *Es sind die abgeänderten Arbeitsweisen des minderwertigen Organes, die in den Kinderfehlern wie in den Reflexanomalien zutage treten, und sie gehorchen der kompensierenden und überkompensierenden Kraft des nunmehr zur Überwertigkeit gelangenden Anteiles der psychomotorischen Sphäre.* Ich will im folgenden an der *Enuresis* die Verwandtschaft von Kinderfehlern und Reflexanomalie weiter verfolgen. Einen ernsthaften Einwand kann ich kaum gewärtigen, wenn ich diese Affektion unter die Zahl der funktionellen Minderwertigkeiten aufnehme. Die Meinungen einzelner Autoren, welche organische Hypoplasien anschuldigen, in der Blase oder im Zentralnervensystem zu vermuten, können an dieser Auffassung nichts ändern, stehen vielmehr nach meiner Darlegung über äußere und innere Stigmen mit ihr in gutem Einklang. Nun gibt es in der Symptomatologie der Enuresis ein charakterisierendes Zeichen, nach welchem geradezu eine Einteilung in zwei Formen versucht wurde: das Verhalten des Sphinkters beim Katheterismus, das sich einmal als Schlaffheit (Reflexlosigkeit), ein andermal als verstärkter Tonus, als Krampf (Reflexsteigerung) darstellt. Es ist in diesem gegenteiligen Verhalten die uns schon geläufige Reflexanomalie des minderwertigen Organes zu erkennen und wir wären in der Lage, aus dieser Reflexanomalie allein – die Enuresis, der Kinderfehler braucht ja trotz Minderwertigkeit des Harnapparates nicht regelmäßig in Erscheinung zu treten – den Sachverhalt zu erschließen, nämlich die Minderwertigkeit des Harnapparates oder Geschlechtsapparates

im Stammbaum zu vermuten.
Wenn wir es mit Reflexlähmungen infolge von organischen Nervenerkrankungen zu tun haben, so darf gleichfalls nicht vergessen werden, daß sich nach den aufgestellten Grundsätzen die organische Erkrankung in minderwertigen Bahnen lokalisiert. Besonders an die Erscheinungen der segmentalen Minderwertigkeit muß gedacht werden, die bei Tabes, bei Beschäftigungserkrankungen, Schreibkrampf etc., bei Pseudohypertrophie und ERBscher Erkrankung sicherlich eine Rolle spielt.
Der Bruder eines Arztes erkrankte an Tabes dorsalis, die sich längere Zeit als Sehnervenatrophie bekundete. Der Kollege selbst und mehrere seiner Geschwister litten in ihrer Kindheit an Blepharospasmus. Ähnlich dürften die Verhältnisse bei tabischen Blasen- und Mastdarmstörungen, bei Ataxie, Gürtelgefühl, Larynx- und Magenkrisen liegen, während bei progressiver Paralyse ein ursprünglich minderwertiges Gehirn zu vermuten ist.
Für die Bedeutung der Gaumenreflexanomalie im Zusammenhang mit Erkrankungen der Luft- und Nahrungswege möchte ich folgende Fälle anführen:
Heinrich R., Kaufmann, 52 Jahre alt (bereits erwähnt), leidet seit vielen Jahren an häufigem Stuhldrang mit diarrhoischen Entleerungen. Vor 10 Jahren eine heftige Attakke einer Cholelithiasis, die in Karlsbad zur Ausheilung kam. Ein Bruder des Patienten, Arzt, wurde wegen der gleichen Affektion von KEHR operiert. Die Mutter litt an Leberanschwellung. Gaumenreflex des Patienten negativ. Sein Sohn Herbert, 16 Jahre alt, erkrankte vor 4 Jahren an *Appendizitis*, die auf interne Behandlung hin ausheilte. Derzeit besteht hartnäckige Obstipation. *Kein Gaumenreflex*, kleiner Sprachfehler, geringe Epignathie. Eine Tochter des Patienten leidet an hartnäckiger Obstipation. *Kein Gaumenreflex*. Der jüngste Sohn, 11 Jahre alt, zeigt geringe Epignathie, Sprachfehler wie sein Bruder, *keinen Gaumenreflex*. Hervorzuheben ist in diesem Falle die Heredität des Gaumenreflexmangels und die im Stammbaum ziemlich durchgreifende Darmminderwertigkeit, die sich in verschiedenen Krankheiten, sowie in einer starken Neigung zu Obesitas äußert.
Frau Amalie B., 61 Jahre alt, war als Kind stets schwächlich und mager und soll vorübergehend an Hämoptoe gelitten

haben. Seit ihrem 20. Lebensjahre hat sie so sehr an Gewicht zugenommen und dies trotz stetig geübter Zurückhaltung in der Nahrungsaufnahme. *Kein Gaumenreflex.* Von ihren fünf Söhnen konnte ich bei dreien den gleichen Mangel des Gaumenreflexes vorfinden, der vierte war im diabetischen Koma gestorben. Ihn und den fünften Sohn habe ich nie untersucht. Doch verweise ich auf meine Fälle von Diabetes, bei denen gleichfalls der Gaumenreflex fehlte. Der älteste Sohn ist anscheinend gesund, der zweite von den drei untersuchten ist fettleibig, neigt zu Obstipation und leidet an rezidivierenden Fissuren am After und Afterekzem. Der dritte wurde vor einem Jahre wegen *Appendizitis* operiert, nachdem seit 4 Jahren mehrfach fieberhafte Attacken in der Blinddarmgegend vorausgegangen waren. An die Operation schlossen sich eine rechtsseitige Pleuritis exsudativa und doppelseitige Spitzeninfiltrationen, die einen günstigen Verlauf nahmen. Heredität der Reflexanomalie wie im ersten Falle, nachweisbare hereditäre Minderwertigkeit des Ernährungs- und Respirationstraktes, dabei Verschiedenartigkeit der Erkrankung im Ernährungstrakt (Appendizitis, Diabetes, Fissurae ani), stellenweise bloß Adipositas ergeben sich bei der Durchmusterung dieses Stammbaumes. Außerdem konstatieren wir eine gleichzeitige Minderwertigkeit des Respirationstraktes, die sich bei der Mutter und einem der Söhne in Erkrankung äußert. Weiter unten folgt einiges Material, betreffend den Zusammenhang von Gaumenreflexanomalie und Lungentuberkulose.

Käthe H. (s. III.), Gouvernante, 24 Jahre alt, wurde vor 6 Monaten wegen Appendizitis operiert. Vor 4 Jahren Hämatemesis. Die Zähne des Oberkiefers fehlen, Gaumenreflex ist gesteigert.

Ebenso finden wir bei Friederike U. (s. III.) und ihren beiden Schwestern *Steigerung des Gaumenreflexes bis zum Verschwinden der Uvula,* bei Friederike Appendizitis, Prognathie, adenoide Vegetationen, Sprachfehler, bei ihrer ältesten Schwester Prognathie, Magenneurose und Fissura ani.

Hugo R., Schriftsteller, 34 Jahre alt, erkrankte anfangs der zwanziger Jahre an Lungentuberkulose, die sich ziemlich bedenklich anließ und häufig Hämoptoe mit sich brachte. Nach zirka zweijährigem Aufenthalte in der Heilstätte

Alland nahm er vor 3 Jahren wesentlich gebessert seinen Beruf wieder auf und ist seither ununterbrochen tätig. *Er zeigt vollständigen Mangel des Gaumenreflexes.* Patient stammt aus einer Familie, die uns einige hervorragende Schauspieler (orale Minderwertigkeit) geliefert hat. Auch seine Schwester, die an Lungentuberkulose starb, war einige Zeit als Schauspielerin tätig.

Marie A., 24 Jahre, Gouvernante, kommt wegen *Hämoptoe* in Behandlung. Linksseitige Spitzeninfiltration. Eine Schwester leidet gleichfalls seit längerer Zeit an Tuberculosis pulmonum, die anscheinend einen leichten Verlauf nimmt. *Bei beiden fehlt der Konjunktival- und Gaumenrachenreflex.* Die Patientin litt längere Zeit an häufigem lautem Aufstoßen und Singultus und hat als Kind häufig und leicht erbrochen. *Noch bis auf den heutigen Tag bekommt sie Brechreiz beim Zähneputzen* (trotz mangelnden Gaumenreflexes!). Globusgefühl tritt öfters auf, ebenso Kopfschmerzen. Einzelne Familienmitglieder, insbesondere der Vater (Techniker), besitzen zeichnerische Fähigkeiten (Mangel des Konjunktivalreflexes, Minderwertigkeit des Sehorganes, psychische Überkompensation). Der Mangel des Gaumenreflexes ist hier nicht allein auf die Minderwertigkeit des Atmungsapparates zu beziehen. Der fehlende Rachenreflex steht offenbar mit den hysterischen Manifestationen des Ernährungsapparates im Zusammenhang. Ekel als Affekt und Brechneigung bei Kindern und Erwachsenen konnte ich öfters mit mangelhaftem Gaumenreflex verbunden beobachten.

Um nicht mit Aufzählungen und Beschreibungen zu ermüden, führe ich noch kurz einige Fälle an und will das Charakteristische daran hervorheben. Die Analyse jedes einzelnen Falles ist nach dem bisherigen leicht zu machen.

Therese M., 27 Jahre alt, Stubenmädchen, linksseitige *Spitzeninfiltration*, hustet viel, ist seit 3 Monaten stark abgemagert und leidet an Nachtschweißen. *Gaumenreflex stark gesteigert.*

Hierher gehören auch die bereits in anderem Zusammenhang erwähnten Fälle:

Johann K., 25 Jahre alt, Student, *Tuberkulose* des linken Oberlappens, linksseitige Pleuritis sicca, Hämoptoe vor 6 Jahren, Naevi pigmentosi am Thorax. *Kein Gaumenreflex.*

Fanny H., Lehrerin, 23 Jahre alt, erkrankte an Hämoptoe;

rechtsseitige Spitzeninfiltration, lange andauernde Obstipation. Mutter an Schwindsucht gestorben, Schwester leidet an einer Lungenaffektion. Rechtsseitige Thoraxhälfte besser entwickelt als die linksseitige. *Kein Gaumenreflex*, kein Rachenreflex. Letzterer Mangel offenbar in Beziehung zur Obstipation.

Wladimir T., 23 Jahre alt, Student, hustet seit 2 Monaten; Schall RHO verkürzt, daselbst auch feinblasiges Rasseln im Inspirium, das sich erst an der Spina scapulae verliert. Naevus pigmentosus über der Mitte des rechten Schulterblattes. Mutter hat in jungen Jahren an Lungenspitzenkatarrh gelitten, ein Bruder steht wegen rechtsseitiger Spitzeninfiltration in Davos in Behandlung. *Gesteigerter Gaumenreflex,* bei Berührung des weichen Gaumens verschwindet das Zäpfchen fast zur Gänze.

Weitere Fälle sind folgende:

Berta Sp., 23 Jahre alt, Köchin. *Hämoptoe* seit 2 Monaten; Patientin ging dabei ihrer Arbeit nach. Infiltration des linken oberen Lungenlappens. In der Gegend des 7. Halswirbeldornfortsatzes sitzt ein Naevus pigmentosus. Zähne des Oberkiefers sind ausgefallen, die unteren Schneidezähne sind horizontal eingekerbt. Andauernde Obstipation. Vater an Lungenschwindsucht früh gestorben. *Kein Gaumenreflex*. Kein Rachenreflex.

Josefine Sch., 21 Jahre alt, leidet an Appetitlosigkeit und häufigem Erbrechen. War als Kind dauernd obstipiert und litt an häufigem Erbrechen, besonders bei Ärger. Seit der Pubertät tritt regelmäßig während der Periode Erbrechen auf. Seit 3 Jahren etwa zeitweise heftige Schmerzen, Koliken, in der Ileozökalgegend. Daselbst große Druckempfindlichkeit. Der Appendix ist als verdickter Strang zu fühlen. Diarrhöen angeblich selten, Erbrechen in der letzten Zeit häufiger. Giemen im rechten Oberlappen, Nachtschweiße. *Kein Gaumenreflex, kein Rachenreflex.*

Siegfried M., 33 Jahre alt, Kaufmann, beiderseitige Spitzeninfiltration, starke Abmagerung. *Kein Gaumenreflex.*

Anna R., 28 Jahre alt. Gastwirtin, leidet alljährlich mehrmals an Angina tonsillaris. Ein Bruder ist an Tuberkulose gestorben, der Vater leidet an Emphysem. Patientin hat gesunde Lungen. Über der linken Klavikula ein Naevus pigmentosus. Ein Onkel der Patientin väterlicherseits ist ein gefürchteter Dauerredner, der viel in Versammlungen spricht. Patientin zeigt *Mangel des Gaumenreflexes*. Rachenreflex normal.

Ich habe des öfteren darauf hingewiesen, daß ich den Diabetes mellitus sowie die meisten der Glykosurien als Erkrankung des minderwertigen Ernährungsapparates, speziell des minderwertigen Pankreas und der Leber anzusehen bemüßigt bin. Ich verweise nochmals auf die Heredität bei dieser Affektion, auf den Zusammenhang mit Darmerkrankungen des Patienten und seiner Anverwandten, auf das Auftreten von Psychosen und Neurosen bei Diabetikern und ihren Familienmitgliedern, auf äußere Stigmen und Kinderfehler in der Anamnese. Hier kann ich noch hinzufügen, daß ich an einer kleinen Zahl von Fällen die Überzeugung gewann, daß die Reflexfähigkeit des Gaumens bei Glykosurie und Diabetes die gleichen Anomalien aufweist wie bei anderen Erkrankungen des minderwertigen Magendarmtraktes; der Gaumenreflex ist gewöhnlich verschwunden, und dieser Mangel muß als Zeichen der Organminderwertigkeit gelten. Das Fehlen des Patellarsehnenreflexes bei Diabetikern hat wohl eine andere Bedeutung, nämlich die eines Zeichens der segmentalen Minderwertigkeit.

Ich lasse die Fälle von Diabetes folgen, wie sie mir in der letzten Zeit untergekommen sind:

David W., 25 Jahre alt, Student, hat in jüngeren Jahren an hartnäckiger Obstipation gelitten. Vor 4 Jahren wurde sein *Diabetes* entdeckt, der mit großen Zuckerausscheidungen, zeitweiser Azetonurie und Azetessigsäureausscheidung einherging. Toleranz sehr gering. In der Familie kein weiterer Fall von Diabetes. Der Vater litt an Anfällen von monatelanger Dauer, bei denen er nicht gehen, noch sprechen konnte. Eine Schwester litt vorübergehend an einer Psychose. Patient lispelt noch heute recht auffällig. Die Patellarsehnenreflexe sind beiderseits stark herabgesetzt, Gaumen- und Rachenreflex fehlt.

Margit B., bei II. besprochen; *Obstipation* bis in die früheste Kindheit reichend, *Sprachfehler, Singultus*anfälle in der Pubertät, hysterische Angst. *Kein Gaumenreflex*, sehr abgeschwächter Rachenreflex. Vater an *Diabetes* gestorben. Bruder litt bis ins 12. Jahr an Incontinentia alvi, eine Schwester hat hysterische Anfälle von Bewußtlosigkeit. Auch hier wieder der Zusammenhang von Reflexanomalie,

Diabetes, Neurose und Kinderfehler, allerdings über die einzelnen Familienglieder zerstreut.

Otto C., bereits besprochen. Starb im diabetischen Koma. Hat als Kind lange an Incontinentia alvi gelitten. Vater ist zeit seines Lebens obstipiert. Auch seine Schwester litt lange an Stuhlverstopfung und erkrankte frühzeitig an schwerer Hysterie. Vater und Schwester zeigen *Mangel des Gaumenreflexes.*

Josef A., 37 Jahre alt, Kürschner, klagt über Mangel der Potenz und Ejaculatio praecox. Bei der Untersuchung findet sich reichlich *Zucker* im Urin. *Kein Gaumenreflex.* Kein Patellarsehnenreflex.

Regina D., 38 Jahre alt, Advokatensgattin, klagt über Pruritus vulvae und mannigfache nervöse Beschwerden. Im Harn reichlich *Zucker und Azeton.* Vater der Patientin ist im diabetischen Koma *gestorben.* Zwei Schwestern leiden an hysterischen Beschwerden. Bei allen drei Schwestern findet sich *Mangel des Gaumen- und Rachenreflexes.* Patellarsehnenreflex normal. Eine Schwester war lange Daumenlutscherin.

Anton M., 40 Jahre, Cafetier, zeigt einen leichten Sprachfehler und Mangel des Gaumenreflexes. Rachenreflex vorhanden. Mutter des Patienten leidet an Diabetes.

Hierher gehört auch der schon früher erwähnte David K. Karzinom der Gallenblase, Glykosurie. Beginn der Beschwerden zwei Jahre vor dem Tode mit Appetitlosigkeit und Abmagerung. Kein Gaumen-, kein Rachenreflex. Patellarsehnenreflex aufgehoben. Zwei Töchter zeigen Epignathie; eine von ihnen leidet an hysterischem Husten und Appetitmangel.

Wie schon erwähnt, findet man fast regelmäßig bei Personen, die öfters an *Anginen* erkranken, Mangel des Gaumenreflexes. Auch erhob ich denselben Befund bei einem Falle von *Herpes pharyngis* bei einem Manne, der dauernd an Blähungen und an einer Nabelhernie litt. Der Mitteilung wert scheint mir auch der Fall eines Hysterikers, Dr. Heinrich O., bei welchem sich eine Andeutung einer Spina bifida sacralis und adenoide Vegetationen vorfanden. Der Patient stieß recht häufig einen grunzenden Laut aus und stellte sich eines Tages mit Aphthen am Gaumen und Rachen vor. Reflexanomalien sah ich auch bei einigen Fällen von *Ulcus rotundum* und bei Verwandten dieser

Fälle. Bei *chronischen Alkoholisten* findet man zumeist Steigerung, aber auch Fehlen des Gaumenreflexes. Diese Anomalien sind sicherlich nicht als Folgezustände des Alkoholismus anzusehen. Sie weisen vielmehr darauf hin, daß der chronische Alkoholismus eines organischen Entgegenkommens bedarf, der Grundlage eines minderwertigen Magendarmtraktes. Auch einen Fall von *Diabetes insipidus* sah ich mit mangelndem Gaumen- und Rachenreflex. Die Stellung der *Fettsucht* zur Minderwertigkeit des Ernährungstraktes habe ich schon hervorgehoben. Die besprochenen Reflexanomalien sind bei ihr häufig anzutreffen.
Bezüglich des mangelnden Konjunktivalreflexes als Zeichen der Augenminderwertigkeit habe ich einen Fall bei den »Grundzügen« angeführt. Ich kann einen zweiten an dieser Stelle nachtragen.
Elsa R., 22 Jahre alt, kommt wegen eines *Fremdkörpers im rechten Auge* zur Behandlung. Die blaugefärbte *Iris* des rechten Auges zeigt sich an einer Stelle des oberen äußeren Quadranten *bräunlich verfärbt*. Sehschärfe normal. Kein *Konjunktivalreflex*. Das Zusammentreffen von Stigma, Reflexanomalie und Fremdkörper rufen auch hier den Verdacht auf Minderwertigkeit hervor.
Des Malers Karl v. R. – Lichtscheu, Conjunctivitis lymphatica in der Jugend, dünner Cilienbesatz, Blinzeln des Bruders – habe ich bereits Erwähnung getan. Ich füge hinzu, daß auch in diesem Falle der Konjunktivalreflex fehlt.
In ähnlicher Weise finden sich Reflexanomalien, zumeist mangelnder Gaumenreflex bei Personen, die durch Überwindung der ursprünglichen Minderwertigkeit ihres Respirationstraktes oder Ernährungsapparates zu höheren Arbeitsweisen gelangten. Ich habe drei Kategorien bereits öfters in anderem Zusammenhange hervorgehoben, *Sänger, Redner und Köchinnen*; ich erwähne noch *Gourmands*, bei denen ich fast immer, und zwar an einem beträchtlichen Material, den Gaumenreflex erloschen fand. Ich kann diesen Kategorien noch hinzufügen: einen *Oboebläser*, einen *Trompetenbläser* und *starke Raucher*.

V. Mehrfache Organminderwertigkeiten

Falls die von mir vorläufig aufgestellten Grundlagen einer Minderwertigkeitslehre, woran ich nicht zweifle, Bestätigung finden werden, so ist es doch immerhin auffallend, daß ihre Beziehungen zur Pathologie bisher nicht deutlich erkannt wurden. Der letzte Grund scheint mir darin gelegen zu sein, *daß das Bild der Organminderwertigkeit nur allzu oft durch das Dazwischentreten weiterer Organminderwertigkeiten getrübt und unkenntlich gemacht wird.* Noch schwieriger erscheint die Einsicht in den Zusammenhang, wenn man gezwungen ist, die Minderwertigkeit am Stammbaum nach Angaben eines einzelnen Patienten festzustellen. Zumeist handelt es sich um Mitteilungen über Erkrankungen der Familienmitglieder während ihres Lebens oder über Affektionen, die zum Tode führten. Eine Prüfung anderer Organminderwertigkeiten, die etwa unbemerkt geblieben sind, beim Untersuchten aber gerade deutlich in Erscheinung treten, ist häufig unausführbar. Demgegenüber findet sich glücklicherweise, und besonders in der hausärztlichen Praxis, eine solche Fülle deutbaren Materiales, daß trotz einzelner Lücken, durch die Schwierigkeit in der Materialbeschaffung verschuldet, das Fundament der Organ-Minderwertigkeitslehre als wohlbegründet anzusehen ist.

Eine zweite Erscheinung, die mit der obigen innig zusammenhängt, ist in noch höherem Grade geeignet, den Tatbestand zu verhüllen. Recht häufig lassen sich nämlich Organerkrankungen fast bei jedem einzelnen der Familienmitglieder nachweisen, aber sie betreffen ganz verschiedene Organe, scheinen also der Forderung nach der Heredität der Organminderwertigkeit zu widersprechen. Aber auch in solchen Fällen läßt sich der Zusammenhang oft auffinden und der Nachweis einer gehäuften Organminderwertigkeit zumindest durch den Nachweis des Kinderfehlers oder der Reflexanomalie erbringen. Ein solcher Fall, den ich bereits zur Theorie des Karzinoms benutzt habe und den ich hier ausführlicher bespreche, ist folgender:

Therese S. starb im Alter von 46 Jahren im Anschluß an eine Operation wegen Uteruskarzinoms. Ihr Gatte Samuel S., derzeit 51 Jahre alt, leidet seit seinem 40. Lebensjahre an selten auftretenden Anfällen, die mit plötzlichem Zusammensinken und kurzdauernder Bewußtlosigkeit verbunden sind. Verletzungen kommen dabei häufig vor. Schwerbesinnlichkeit nach dem Anfall, Amnesie und Lallen nachher sprechen für die epileptische Natur der Affektion. Einer psychischen Analyse sind diese etwa zweimal im Jahre eintretenden Anfälle nicht zugänglich. Patient leidet an andauernder Obstipation. Sein Sohn Alexander S., 23 Jahre alt, litt bis ins 6. Lebensjahr an unfreiwilligen Harn- und Kotabgängen, erwarb im 21. Jahre Skarlatina, die von einer Nephritis gefolgt war. Zeitweise ist noch nach einem Jahre Eiweiß in Spuren, recht häufig auch Phosphaturie nachzuweisen. Sexuelle Abstinenz, auch für geringere Zeitabschnitte, ruft die heftigsten Aufregungszustände, Furcht vor beginnendem Wahnsinn und heftiges andauerndes Herzklopfen hervor. Ejaculatio praecox. Die Tochter leidet bei den geringfügigsten Aufregungen an Erbrechen, Bauchkoliken und diarrhoischen Entleerungen. Von Zeit zu Zeit zeigen sich Afterfissuren. Schmerzhafte Menses, ein protrahierter Partus. Ihr 6jähriger Sohn ist Bettnässer. Alle 4 Überlebenden zeigen Mangel des Gaumenreflexes. Die vom Vater überkommene Minderwertigkeit des Darmtraktes und des Zentralnervensystems äußert sich bei der Tochter charakteristischer Weise in der gleichen Weise: psychische Hinfälligkeit gegen äußere Eindrücke und motorische Abfuhr im minderwertigen Magendarmtrakt, der außerdem noch durch den Mangel des Gaumenreflexes und Analfissuren stigmatisiert ist. Das Erbe der Mutter, Minderwertigkeit des Genitalapparates, erscheint in der Dysmenorrhöe und dem protrahierten Partus wieder. Auch der Sohn zeigt in den psychischen Begleiterscheinungen seiner Sexualabstinenz und im unwillkürlichen Kotlassen die Minderwertigkeit der gleichen Organe, die wir bei seinem Vater aufgedeckt haben. Die Enuresis und das gleiche Leiden bei seinem Neffen weisen jedoch, ebenso wie die Nephritis, auf eine Minderwertigkeit des Harnapparates hin, von der wir später zeigen werden, daß sie, vielleicht regelmäßig, mit Minderwertigkeit des Genitalapparates (Ejaculatio praecox beim Sohne, Uteruskarzinom der Mutter) verbunden ist.

Daß so häufig angrenzende, aber auch entfernter gelegene Organe mehr oder weniger an der Minderwertigkeit beteiligt sind, läßt im ersten Falle eine gegenseitige embryonale

Beeinflussung erraten, geht auch wohl aus dem embryonalen Zusammenhang mancher Organe hervor, während entferntere Organe durch hereditär bedingte, mehrstellige Degeneration des Keimplasmas, durch frühzeitige Korrelation gewisser Organe, aber auch durch eine übergeordnete Minderwertigkeit von Kreislauf- oder Zentralnervensystem betroffen werden können. Besonders in letzterem Falle wird es uns nicht wundernehmen, gehäufte Organminderwertigkeit auftreten zu sehen, falls überhaupt die Lebensfähigkeit der Frucht gesichert erscheint.

Unsere Behauptungen erhalten eine mächtige Stütze durch die bisherigen Auffassungen und Befunde der klinischen Medizin, der der Zusammenhang mehrfacher Organerkrankungen längst geläufig ist. Vergleichen wir aber damit unsere Ergebnisse bezüglich der mehrfachen Minderwertigkeit und fassen wir sie in jenen Fällen ins Auge, wo sie sich durch Erkrankungen am deutlichsten verraten, so wird es klar, daß wir noch von gleichzeitiger, koordinierter Minderwertigkeit sprechen können, wo die bisherige Auffassung zumeist voneinander abhängige Erkrankungen statuiert. So bezüglich zweier Organpaare, deren Zusammengehörigkeit sich auch durch den gemeinsamen Endausgang dokumentiert, bezüglich des Atmungs-, Verdauungs- und des Harn-Genitaltraktes. Für jedes dieser Paare haben wir bereits gemeinsame Stigmen und Reflexanomalien als Indikatoren einer vorliegenden Minderwertigkeit geltend gemacht. Aus der klinischen Medizin können wir neue Beweise heranziehen. Magen-Darmaffektionen bei Erkrankungen der Lunge, bei Emphysem und insbesondere bei Tuberkulose sind hinlänglich bekannt, doch scheint mir ihre Abhängigkeit von einer primären Lungenerkrankung allzusehr betont. Wir finden vielmehr recht häufig, daß sie fehlen können oder auch, daß sie der Lungenaffektion lange vorausgehen, selbst bis in die früheste Kindheit zurückreichen. Die gleiche Auffassung vertreten wir auch betreffs des Zusammenhanges von Erkrankungen im Harn- und Genitaltrakt. Abgesehen von der Häufigkeit gleichzeitiger Bildungsanomalien in beiden Organen ist eine ähnliche Argumentation zugunsten der gleichzeitigen Minderwertigkeit durchaus am Platze. Gehäufter Abortus bei Nierenaffektionen gilt allgemein als deren Folge. Zu dieser Annahme fehlt jede Berechtigung, nachdem sowohl normaler

Partus bei Nierenaffektionen als auch mehrfacher Abortus ohne pathologischen Befund nicht allzu selten sind. Ähnlich verhält es sich mit der Schwangerschaftspyelitis. Doch will ich nachdrücklich hervorheben, daß weder eine einseitige noch eine gegenseitige Beeinflussung durch minderwertige Organe ausgeschlossen ist. Nur verdient die Gleichzeitigkeit von Organminderwertigkeit eine besondere Berücksichtigung, derzufolge es möglich sein dürfte, bessere Einblicke in die Pathologie tun zu können. Die Beeinflussung des Kreislaufapparates, speziell des Herzens durch eine Nierenerkrankung, ist nach dem vorliegenden Material gewiß plausibel. Verständlicher aber wird das hypertrophische Herz in solchen Fällen, insbesondere bei Nierenschrumpfung, durch die Annahme einer gleichzeitigen Minderwertigkeit des Blutgefäßsystems. Ebenso wird man den Zusammenhang von Nephritis und Augenaffektionen in meinem Sinne verfolgen müssen. In einem meiner Fälle wenigstens, der eine Chorioretinitis im Verlaufe einer Nephritis erwarb, erscheint die gleichzeitige Minderwertigkeit des Sehapparates durch einen angeborenen Schichtstar sichergestellt.

In ähnlicher Weise halte ich die Annahme einer *gleichzeitigen Minderwertigkeit* für andere Fälle begründet, wo sich nebeneinander Harnorgan und Verdauungsapparat erkrankt zeigen. Hier wären namhaft zu machen: Albuminurie bei Darmaffektionen, Nephritis bei Diabetes, gleichzeitige Steinbildungen der Gallen- und Harnwege etc.

Auch bei den die Lungentuberkulose begleitenden Affektionen wird es sich oft um Erscheinungen einer gleichzeitigen Minderwertigkeit handeln. So bei Albuminurien, Glykosurien, Strumen, den früher erwähnten Magen-Darmerkrankungen, Herzaffektionen, Lymphadenitis und bestimmten Hautaffektionen. Nehmen wir dabei primäre Minderwertigkeiten des Harn-, des Darmapparates, der Haut usw. an, so wird leicht verständlich, daß unter bestimmten Verhältnissen auch diese Organe an Tuberkulose erkranken, sobald die Infektionsmöglichkeit gegeben ist.

Eine große Rolle spielt diese Koordination in bezug auf den Sexualapparat und andere Organe, deren beider Minderwertigkeit oft nur wenig ausgeprägt, aber so häufig vorzufinden ist, daß ich behaupten möchte, *es gibt keine Organ-*

minderwertigkeit ohne begleitende Minderwertigkeit des Sexualapparates. Diese Annahme wird von vornherein durch die Erscheinung der Heredität in der Minderwertigkeitslehre wahrscheinlich gemacht. Da nun die hereditäre Schwäche im Spermatozoon und Ovulum präformiert sein muß, ist es zu verstehen, daß die Bildungsstätten beider, im weiteren Ausmaße der ganze Sexualapparat an der Minderwertigkeit partizipiert. Dies scheint mir ein Grundgesetz der Organminderwertigkeitslehre, *daß jede Organminderwertigkeit ihre Heredität durchsetzt und geltend macht auf Grundlage einer begleitenden Minderwertigkeit im Sexualapparat.* Dabei hat uns vorläufig der historische Beginn der Organminderwertigkeit nicht zu kümmern, deren hereditäre Bedeutung offenbar auch erst mit dem Ergriffensein der Sexualsphäre in Erscheinung treten konnte. Die Annahme einer inneren Sekretion der Geschlechtsdrüsen tangiert unsere Beweisführung wenig. Bestehen auch Sekretionsmangel oder Hyperfunktion zurecht, sie könnten wieder nur auf andere Organe je nach deren Minderwertigkeitsgrad wirken, die sich selbst so als minderwertig bekundeten. Das ungetrübte Bild solcher aufeinander wirkender Organe erhält man erst durch die Postulierung einer gleichzeitigen Minderwertigkeit. Die Untersuchungen aus dieser Gruppe werden ein riesiges Gebiet zu umfassen haben. Vorarbeiten, die übrigens wieder nicht unserem Standpunkt der gleichzeitigen Minderwertigkeiten gerecht werden, liegen in überwältigender Fülle vor und bedürfen meist nur einer Weiterdeutung in unserem Sinne. So der Zusammenhang von Lageanomalien, Flexionen, Infantilismus, Menstruation, Gravidität, Klimakterium mit Affektionen des Verdauungsapparates, des Blutes, der Niere, des Herzens und der Lungen. So auch die Hartnäckigkeit und der schwere Verlauf von Genitalerkrankungen, insbesondere der Gonorrhöe und ihrer Komplikationen bei nachweisbarer Minderwertigkeit des Genitalapparates, aber auch der Harnorgane, der Lunge, des Blutes. Unsere Auffassung, die im wesentlichen die Häufigkeit einer gleichzeitigen Minderwertigkeit des Sexualorganes behauptet, wird durch die Häufung von Stigmen und von Geschwulstbildungen am Genitale nur gestützt. Und zuletzt spiegelt der ganze Ablauf von Funktion und Wachstum des Genitalorganes, die späte, dann aber überreiche

Entwicklung, das frühe Versagen von Wachstum und Funktion, wie es keinem anderen Organ eigen ist, die kolossale Wachstumsenergie und Regenerationskraft seiner Abkömmlinge das Bild der Erscheinungen am minderwertigen Organ vor, wie wir es im obigen entworfen haben. Wir können geradezu behaupten, daß dem menschlichen Sexualorgan in allen Fällen ein geringer Grad von Minderwertigkeit anhaftet, der leicht größere Dimensionen annimmt. Dann fehlen auch jene Charaktere nicht, die anderen minderwertigen Organen zukommen, die Heredität, die Erkrankung, das Stigma, die Kinderfehler (Frühmasturbation) und die Reflexanomalien.

Weitere Minderwertigkeiten, die sich der sexuellen Minderwertigkeit zugesellen, betreffen die Nase (FLIESS), das Herz usw.

Der stärkste Einwand, der unserer Auffassung begegnen kann, scheint mir durch die gleichzeitige Erkrankung zweier minderwertiger Organe gegeben zu sein. Um diese Frage exakt zu beantworten, bedarf es eines ungeheuren Materiales und vieljähriger Prüfung auf jenem Experimentierfeld, das die Natur sich in der ungeheuren Zahl der minderwertigen Organe geschaffen hat. Für einen Teil der Fälle läßt sich vermutungsweise eine Störung der inneren Sekretion im Falle der Erkrankung des einen Organes und dementsprechend Schwächung und Erkrankung des anderen minderwertigen Organes annehmen. Ebensowenig wird man den reflektorischen Einfluß bestreiten können, den die Erkrankung eines der minderwertigen Organe auf das andere nimmt, besonders wenn man sich vor Augen hält, daß den minderwertigen Apparaten ein ursprünglich minderwertiger Anteil des Zentralnervensystems entspricht, der späterhin häufig zur Überkompensation gelangt und damit physisch wie psychisch eine dominierende Stellung innehat. Wie immer dem auch sei, die Tatsache möchte ich nicht gering anschlagen, daß die gleichzeitig minderwertigen Organe wie in einem geheimen Bunde zueinander stehen.

Dies und das geheime Band wird nirgends so leicht nachzuweisen sein, als wo sich zu einer Organminderwertigkeit eine Minderwertigkeit des zugehörigen Anteiles des Zentralnervensystems gesellt. Bei der Hypochondrie, der Hysterie, der Angst- und Zwangsneurose nun trifft dieser Fall

zu, wie wir im nächsten Kapitel nachzuweisen versuchen
werden. Schwerer dürfte es gelingen, in den Zusammenhang beider Minderwertigkeiten einzudringen, wo es sich
um Epilepsie oder psychische Erkrankung, Paranoia, Demenz, Manie etc. handelt. Psychosen, die sich im Anschlusse an Intoxikationen, fieberhafte Erkrankungen, Diabetes,
Nephritis, Tuberkulose einstellen, gehören sicherlich
ebenso in den Rahmen dieser Untersuchung, wie die oft
betonten Zusammenhänge zwischen Epilepsie einerseits
und Erkrankungen des Darmapparates, Kreislaufes oder
Harnorganes andrerseits.

Schließlich möchte ich noch erwähnen, daß die Auffindung
einer Organminderwertigkeit angesichts der Häufigkeit
mehrfacher Insuffizienzen uns die Verpflichtung auferlegt,
nach weiteren minderwertigen Organen zu forschen.

VI. Die Rolle des Zentralnervensystems in der Organ-Minderwertigkeitslehre – Psychogenese und Grundlagen der Neurosen und Neuropsychosen

Hier sollen einige Betrachtungen angeschlossen werden,
die sich aus unserer Studie nahezu von selbst ergeben. Wir
werden nur dem Sinne unserer bisherigen Auffassung gerecht, wenn wir aus der Untersuchung der minderwertigen
Organe weder das Rückenmark noch das Gehirn ausschließen. Ja, es muß sogar hervorgehoben werden, daß sich die
bereits charakterisierte Gleichzeitigkeit mehrfacher Organminderwertigkeit auch auf einzelne Anteile, Nervenbahnen des Zentralnervensystems erstreckt und daß sehr
häufig der Wertigkeit jedes Organes eine von Natur aus
proportionale Wertigkeit derjenigen Nervenbahnen entspricht, die mit dem zugehörigen Organ in Verbindung
stehen, von ihm ihre Erregungen beziehen und ihre Impulse zu ihm leiten. Freilich, ein durchaus gesetzmäßiges
Verhalten ist nicht zu erwarten. Die Minderwertigkeit
kann sich dauernd auf ihrem Niveau halten, kann auch bloß
auf das Organ oder einzelne seiner Teile beschränkt bleiben. Oder die Anforderungen des Lebens, der Domestikation, der Kultur, bringen eine Überkompensation hervor,
die sich vor allem – seine Suffizienz vorausgesetzt – am

Zentralnervensystem durchsetzen wird. Die quantitativen Unterschiede, die sich dabei durch den Grad der Minderwertigkeit, durch ihre Lokalisation, durch den Grad der Kompensation ergeben, können, von der psychologischen Seite betrachtet, nur als qualitative empfunden werden, was sofort begreiflich erscheint, wenn man die drei wichtigsten Konstellationen aus Organ- und Nervenminderwertigkeit in ihren Ergebnissen nebeneinander stellt: *Degeneration – Neurose – Genie*. Die zu einer Kompensation unfähigen minderwertigen Organe fallen unter dem Einfluß der Außenwelt einem rascheren oder langsameren Verderben anheim. Andrerseits gestaltet die Natur aus minderwertigen Organen unter dem Einfluß von Kompensation Apparate von variablerer Funktion und Morphologie, die sich in vielen Fällen als durchaus leistungsfähig erweisen und den äußeren Verhältnissen zuweilen um einiges besser angepaßt sind, da sie ja aus der Überwindung dieser äußeren Widerstände ihren Kraftzuwachs bezogen haben, demnach die Probe bestanden haben. Zwischen diesen extremen Fällen liegen nun noch Mischbildungen und solche, bei denen die Kompensation nicht völlig durchzusetzen war, sei es infolge eines Mangels an Reservekräften oder infolge vorzeitiger Erschöpfung dieser Kräfte, Kompensationsstörung. Unter bestimmten Bedingungen entwickeln sich aus dieser Gruppe die Fälle von Neurosen und Psychoneurosen. Einige Anhaltspunkte sollen im folgenden noch berührt werden.

Funktionelle und morphologische Ausbildung des Organes und seiner Nervenbahnen sind, wie bei normaler Entwicklung, teils Folge der Reizaufnahme, teils Ergebnis des andauernden Strebens, das minderwertige Material leistungsfähig zu machen. In der Regel wird das Zentralnervensystem den Hauptanteil an dieser Kompensation nehmen. Und nicht nur physisch, etwa durch besondere Ausbildung der Nervenbahnen, Assoziationsfasern, durch Umwandlung eines hereditären Reflexmangels in Steigerung der Reflexfähigkeit, sondern vor allem auf psychischen Wegen dadurch, *daß ein besonderes Interesse das minderwertige Organ zu behüten sucht* und durch dauernde Aufmerksamkeit den Schaden zu verhüten trachtet, der vielleicht im kleinen jedesmal den Anstoß gibt, die Aufmerksamkeit zu wecken, zu steigern und an

jenes Organ zu binden.
Eine weitere Verstärkung erfährt dieser psychische Antrieb, sobald das minderwertige Organ nicht mehr seinen eigenen Spuren folgen, sondern sich dem Joche der Kultur beugen soll. Wie dabei organische Triebe verändert, veredelt, psychisch ausgestaltet, oft in ihren polaren Gegensatz verwandelt werden – Vorgänge, die von FREUD unter »*organischer Verdrängung*« zusammengefaßt wurden –, soll noch beleuchtet werden.
Nun ist dies, der Arbeitsweise des vollwertigen Organes gegenüber gehalten, ohne Zweifel *Mehrarbeit* und wird sich als solche im Kindesalter deutlich geltend machen. Es handelt sich in allen diesen Fällen um die große Zahl der scheuen, blassen, ängstlichen Kinder, deren Entwicklung und Zukunft erst als gesichert angesehen werden kann, wenn sie mit dem minderwertigen Organ ohne Schaden fertig geworden sind, d. h. die Kompensation durchgeführt haben und mühelos leisten können. Andernfalls, wenn die Leistungen des Organes nicht durch Überschuß aus dem Zentralnervensystem, sondern auf Kosten desselben zustande kommen, wird sich die Mehrarbeit dauernd fühlbar machen und bei geeigneten Anlässen, Gelegenheitsursachen, eine Kompensationsstörung herbeiführen, die sich je nach ihrem Grade und der momentanen psychischen Konstellation als Neurasthenie, Angst-, Zwangsneurose, Hysterie präsentieren wird.
An den *Kinderfehlern*, die in unserer Studie eine so große Rolle spielen, und deren Verlauf sind Minderwertigkeit und Kompensationsbestreben deutlich abzuschätzen. Jede freie Tätigkeit des Säuglings und Kindes ist mit Lust verbunden oder auf Lustgewinn berechnet, Spielen, Springen, Laufen, Sehen, Hören, Saugen, Urin- und Kotentleerung. Die daraus entspringenden Lustgefühle bilden recht eigentlich das Band, mittelst dessen das Kind an seine Umgebung, mit der äußeren Welt sozial verknüpft ist. Sie sind direkt wahrnehmbar, haften an der Organbetätigung, und ihre Spuren sind im späteren Leben oft leicht nachzuweisen. Die Lustbetonung ist es auch, die oft die Hartnäckigkeit des Kinderfehlers verschuldet, so daß nicht selten der gesteigerte Wille des Kindes, die suggestive Wirkung irgend einer therapeutischen Handlung genügt, den Fehler zu beseitigen. FREUD hat in der Psychoanalyse der Neurosen

diese primäre Lust nachgewiesen, und auch ich konnte sie in meinen Fällen regelmäßig aufdecken. Überzeugend scheint mir ferner der Umstand zu sein, daß ich in den Träumen gesunder Erwachsener, die in der Kindheit an solchen Fehlern gelitten hatten, die Erinnerung an diese Lustempfindung in der Form eines im Traume erfüllten Wunsches wiederfand. So in den Träumen solcher Personen, die in ihrer Kindheit an Enuresis gelitten hatten und nun in Intervallen von Wasser, vom Schwimmen oder von Feuer träumten.

Annähernd normale Organe, denen ein genügend aufnahmefähiges Zentralnervensystem entspricht, fügen sich anstandslos in die Forderung der umgebenden Kultur. Kein Wunder, da sie selbst an dem Aufbau und der Richtung dieser Kultur mitgeholfen hatten. Andrerseits können wieder geänderte und gesteigerte äußere Ansprüche, Enttäuschungen, Sorgen, traumatische Einflüsse, Erkrankungen, Milieuwechsel ein Organ und damit seinen zentralen Überbau als minderwertig entlarven, die mühsam aufrechterhaltene Kompensation stören. *Denn die minderwertigen Organe stoßen ringsherum auf Schwierigkeiten und Gefahren, was nur ihrem natürlichen Verhältnis zur Umgebung entspricht und die eigentliche Grundlage der naturaselection* DARWINS *darstellt*. Kommt es zur Bewältigung, so nur unter erhöhtem Kraftaufwand. Schon das vollwertige Organ steht vor der Aufgabe, sein uneingeschränktes, lustvolles Walten dem Zwang der Erziehung zu unterwerfen. Der Nahrungsapparat soll nur Befriedigung finden, so weit es die Einrichtungen des Milieus und der große Ekel der Kultur gestattet. So wird das übergeordnete psychische Gebiet zu bestimmten Aufgaben genötigt, die anfangs nicht leicht fallen, im Durchschnitt aber durch Steigerung der Leistungsfähigkeit anstandslos gelingen. Im Falle der Minderwertigkeit des Organes aber und entsprechender Insuffizienz der zugehörigen Anteile des Nervensystems bleibt die Einfügung des Organes und seiner Tätigkeit in die verlangte Kultur zurück. Die Funktion geht dann nicht die geforderten kulturellen Bahnen, sondern arbeitet vorwiegend auf Lustgewinn. Wir finden also in der Entwicklung des vollwertigen Organes eine gewisse Unterordnung der Lustkomponente unter die vom Milieu erheischten Leistungen – wir wollen sie die »moralischen« nennen –, deren endgültiger Sieg die Kultur des Kindes sicherstellt. Der Einklang der physischen und psychischen Leistungsfähigkeit, ein *psychophysischer Parallelismus* im wahren Sinne des Wortes, kennzeichnet die Entwicklung des vollwertigen Kindes. Anders beim minderwertigen Organ. Liegt ein besonderer Tiefstand der Entwicklung des Organes als auch der zugehörigen Nervenbahnen vor, so wird jede Kultur verweigert und es resultieren Zustände wie Idiotismus und Imbezillität. Aber auch bei milderer Ausprägung arbeitet das minderwertige Organ selbsttätig, dem psychischen Eingreifen abhold, auf Lustgewinn und fröhnt demselben um so mehr, je länger es auf die moralische Ablösung – FREUDS Verdrängung – warten muß. Denn es hat sich unterdessen in den spielerischen Betrieb eingelebt, soll nun die Verdrängung, weil später, gegen größeren organischen Widerstand durchführen, einen andauernden Kampf führen, der als qualvoller Zwang zur Empfindung kommt. Am klarsten liegen diese Verhältnisse in der kulturellen Entwicklung der Harn- und Stuhlentleerung zutage. Ganz sich selbst überlassen gehen diese Funktionen beim Säugling rein spielerisch vor sich und sind infolgedessen mit der sinnlichen Lust gepaart, wie sie allen instinktiven organischen Verrichtungen zukommt. Die Einwirkungen der Umgebung genügen bei vollwertigem Organ und vollwertigem psychomotorischem Überbau, um die Funktion der Blase und des Mastdarmes auf »moralischen« Betrieb einzurichten. Was ich diesen wichtigen Beobachtungen FREUDS hinzufügen muß, ist folgendes: *die Kinderfehler sind nur die äußerlich wahrnehmbaren Erscheinungen aus der bewegten Psyche* und kennzeichnen den Mangel einer zureichenden Kompensation im psychomotorischen Überbau des Organes. Unter normalen Verhältnissen wird dieser Überbau beeinflußt durch die peripheren Reize der Blase, des Mastdarmes und ebenso des Auges, des Ohres, der Haut, des Ernährungs-, des Atmungsorganes, zu fortlaufendem organischem Wachstum angeregt, und diesem entspricht – bei vollwertigen Nervenbahnen – eine dem Milieu angepaßte psychische Entwicklung. Was aber das minderwertige Organ anlangt, so macht hier der Parallelismus in der psychophysischen Entwicklung recht häufig einem *psychophysischen Kontrast* Platz. Der psychomotorische Überbau des minderwertigen Organes führt einen kontinuierlichen Kampf gegen die Lustbetätigung und für die »moralische Mission« des Organes. Der Erfolg hängt von der Entwicklungsfähigkeit des ursprünglich minderwertigen Überbaues ab, von der angeborenen Wachstumsenergie der zugehörigen Großhirnzellen und von den auf dieselben wirkenden peripheren Reizen. Soll sich ein Fortschritt ergeben, so muß die ursprüngliche Minderwertigkeit der psychomotorischen Substanz eine Kompensation erfahren. Wir haben an anderer Stelle darauf hingewiesen, daß diese Kompensation recht häufig zu einer Überwertigkeit des Organes führt, und müssen nun diesen Schluß dahin ergänzen: *durch eine Überwertigkeit seines psychomotorischen Überbaues.*

Die kompensatorische Überwertigkeit kann eine vollkommene sein, dann werden die gesteigerten psychischen und physischen Relationen und ihre Assoziationen die gesamte Psyche befruchten, aber auch charakterisieren. Von diesem Punkte aus ist ein Verständnis hervorragender und genialer Leistungen möglich, gleichzeitig ein Erfassen der Vorbedingungen, die recht häufig zu einer Berufswahl oder besonderen Liebhabereien und Eigenheiten die Grundlage abgeben. Ich habe bereits früher auf die degenerative Anlage der Ohren *Mozarts*, auf die Otosklerose *Beethovens*, auf die Stigmatisierung des Ohres *Bruckners* durch einen Naevus hingewiesen. Ebenso auf die Kinderfehler in der Sprachentwicklung Demosthenes'. Von *Moses*, dem Volksredner und Führer, wird berichtet, daß er eine »schwere Zunge« hatte. Die halluzinatorischen Erscheinungen in *Schumanns* Psychose zeigen uns die Steigerungen und Überkompensationen im psychischen Überbau des Ohres an, zugleich aber, wie jede Halluzination, das Mißglücken einer psychischen Bewältigung und eines psychophysischen Einklanges. Clara *Schumann* (B. LITZMANN, Ein Künstlerleben nach Tagebüchern und Briefen) berichtet aus ihrer Kindheit: »Diese (die Magd, welche die Obhut hatte) war eben nicht sprachselig, und daher mochte es wohl kommen, daß ich erst zwischen dem vierten und fünften Jahr einzelne Worte zu sprechen anfing und zu dieser Zeit auch ebenso wenig verstehen konnte.« Und an anderer Stelle: » . . . Da ich so wenig sprechen hörte und selbst dazu so wenig Lust bezeigte, . . . so klagten meine Eltern oft, besonders als ich anfing zu sprechen, daß ich schwer höre; und dies hatte sich noch nicht ganz im achten Jahre verloren, ob es sich gleich besserte, je mehr ich selbst zu sprechen anfing und je mehr ich bemerkte, was um mich und mit mir geschah.« Dazu die Bemerkung ihres Vaters: »Das ist der Eingangsakkord eines Künstlerlebens, das in seinem weiteren Verlaufe durch die Fülle reinen Wohllautes, die es spendete, für unzählige Menschen ein Freudenbringer seltener Art, ja auch mehr als das, fast zu einem Vorbilde vollendeter und abgeklärter Harmonie der Kunst und des Lebens werden sollte. *Es beginnt mit einer herben Dissonanz.*« Einer unserer bekanntesten Klaviervirtuosen, R.B., litt in seiner Kindheit an beiderseitiger eitriger Mittelohrentzündung und Perforation des Trommelfelles.

Der Degenerationszeichen, Kinderfehler, Reflexanomalien bei Rednern, Sängern, Schauspielern habe ich bereits Erwähnung getan. Diese Zeichen sowie die häufigen Erkrankungen des Respirationstraktes solcher Personen oder ihres Stammbaumes lassen mit Bestimmtheit den Schluß auf ursprüngliche Minderwertigkeit des Respirationsapparates und konsekutiver Überkompensation im dazugehörigen psychischen Feld zu. Ähnlich verhält es sich bei den Köchinnen und Gourmands, was ebenfalls an anderer Stelle betont wurde. Ich muß dabei noch aufmerksam machen, daß die bei diesen Personen so häufigen Magendarmerkrankungen sowie die schlechten Zähne sicherlich nicht von heißen oder pikanten Speisen herrühren, sondern auf der Minderwertigkeit ihres Ernährungsorganes beruhen. So z. B. das Ulcus rotundum, dessen Neigung zur Rezidive und karzinomatöse Umwandlung erst von diesem Gesichtspunkte aus verstanden werden kann. Ähnliche Verhältnisse wie bei den Musikern findet man bei den Malern. Ich will von einzelnen Fällen, Lenbach und einigen mir bekannten Malern, nicht reden. Aber die bisher angestellten augenärztlichen Untersuchungen in Malerschulen ergeben bis an 70 % Augenanomalien.

Dies die Ergebnisse bei Betrachtung der gelungenen Überkompensation, die offenbar auch ausreichen, die Irrtümer LOMBROSOS zu erklären und richtigzustellen. Was geschieht aber, *wenn die Kompensation nicht gelingt*, wenn der aus physischer Not – einerseits Insuffizienz des Organs, andrerseits Zwang zum Leben und zur Kultur – stammende psychische Antrieb auf ein untauglicheres Gehirnmaterial trifft, wenn die kompensatorische Leistung auf halbem Wege stecken bleibt? Aus dieser psychophysischen Relation muß sich naturgemäß ein Zustand hoher psychischer Spannung ergeben, der dazu führt, daß die Träger solcher Spannungen irgendwie gesteigerten Anforderungen nicht mehr gewachsen sind. Sie erleiden bei den geringsten Schwierigkeiten des menschlichen Lebens, bei Prüfungen, bei Schreck und Aufregung, bei allen Affekten unwillkürliche Harn- und Stuhlabgänge, fallen in einen jener Kinderfehler zurück, den sie mit Mühe verdrängt haben und die, wie ich bereits erwähnte, Fortsetzungen und Ausgestaltungen von gesteigerten Reflexäußerungen vorstellen, sie stottern, erbrechen, lachen, weinen, kratzen sich, raufen die Haare, fahren zusammen, sie blinzeln oder bekommen Nieskrämpfe bei hellerer Beleuchtung, schielen beim Nahesehen etc. Alle diese Erscheinungen sind im einzelnen zu gut bekannt, als daß ich sie durch Kasuistik belegen müßte.

Die Überwindung des Kinderfehlers also und aller der Schwierigkeiten, die dem minderwertigen Organ erwachsen, deuten auf kompensatorische Vorgänge im Überbau; und waren uns bisher die Kinderfehler äußere Zeichen einer Organminderwertigkeit, so zeigt es sich jetzt, daß sie eigentlich – vergleichbar den CHLADNYschen Klangfiguren – Richtungslinien aus dem Leben der Psyche vorstellen, Signale sind, welche die noch nicht geglückte Bewältigung peripherer und zentraler Minderwertigkeit anzeigen.

Bezüglich der Reflexanomalien im minderwertigen Organ kann ich noch anführen, daß der mangelhafte Reflex durch das kompensatorische Wachstum der zugehörigen psychomotorischen Zone seinen psychischen Kontrast an die Seite bekommen kann, so daß beispielsweise der Gaumenreflex fehlt, eine Aufregung aber Würgen und Erbrechen nach sich zieht. Dieses Verhältnis ist nicht selten; ich führe, weil es bisher der Neurologie entgangen zu sein scheint, einige Fälle an:

Eugenie J., 46 Jahre alt, Lehrerin, ledig, war eines Tages kränkenden Äußerungen von seiten ihres Bruders ausgesetzt. Sie träumt in der Nacht, daß ihr der Bruder den Rachen mit einer Kerze ausbrennt, erwacht in Angst, schweißgebadet, spürt ein heftiges Pressen und Brennen im Schlund, in der Kehle und im Mund. Sie ringt nach Atem, glaubt den Verstand verloren zu haben und sucht sich zu überzeugen, ob nicht im Zimmer eine Gasausströmung stattgefunden habe. Dabei erbricht sie einige Male eine grünlich gefärbte wässerige Flüssigkeit. Gibt an, daß sie bei Aufregungen fast regelmäßig erbreche. Die Untersuchung ergibt normale Verhältnisse, bis auf einen kleinen Nabelbruch, der seit jeher der Anlaß zu hypochondrischen Anwandlungen war, und einen völligen Mangel des Gaumen- und Rachenreflexes. Die Zunge ist nicht belegt, Übelkeit besteht am Morgen nicht, der Magen ist nicht druckempfindlich, Appetit normal. Aus der Anamnese läßt sich nur entnehmen, daß Patientin ein schwächliches, schlecht essendes Kind war, das in der Pubertät häufig an Aufstoßen, Singultus und Erbrechen litt. Nach unseren Darlegungen handelt es sich um eine Minderwertigkeit des Ernährungstraktes (Nabelbruch, Reflexanomalie, Anamnese), die durch Überkompensation des psychomotorischen Überbaues – Erbrechen erst bei psychischen Störungen des Gleichgewichtes – ausgeglichen wird. Seit dem 20. Lebensjahr neigt die Patientin zu Adipositas.

Julius P., 45 Jahre alt, Kaufmann, erbricht, wenn er in der Nähe der Speisen ein Haar oder eine Fliege sieht, zuweilen auch wenn er bloß daran denkt, manchmal auch im Gefolge eines ärgerlichen Vorfalles. War in seiner Jugend fast frei von Ekelgefühl, hat ohne Bedenken die abscheulichsten Dinge in den Mund gesteckt. Ist später ein Feinschmecker und starker Esser geworden und hat sich aus einem schlanken Jüngling in einen fettleibigen Mann (105 kg) verwandelt. Charakteristisch ist ein in ähnlicher Form öfters wiederkehrender Traum, in welchem ihm jemand unaufhörlich eine widrige Masse in den Mund stopft, so daß er zu ersticken droht und unter Angst erwacht. Einer seiner Söhne litt bis zum 15. Lebensjahre an Enuresis und unwillkürlichem Kotabgang. Gaumenreflex fehlt, Rachenreflex ist stark vermindert. Auch hier handelt es sich um eine überkompensierte Minderwertigkeit des Ernährungstraktes mit herabgesetzter peripherer und gesteigerter zentraler Reflexfähigkeit.

Anna W., 28 Jahre alt, verheiratet, erbricht bei den geringsten Aufregungen. Kein Gaumenreflex. Ein Bruder war bis zum 8. Lebensjahre Enuretiker und litt an unwillkürlichem Kotabgang. Vater der Patientin, 54 Jahre alt, leidet angeblich seit jeher an Obstipation. Auch hier finden wir die Minderwertigkeit des Ernährungstraktes in verschiedener Weise am Stammbaum ausgeprägt, bei der Patientin selbst gesteigerten zentralen Reflex als Zeichen der Überkompensation.

Die *Phänomenologie der gelungenen wie auch der mißlungenen Überkompensation* wird, wenn sie auch äußerlich von der der normalen Gehirnentwicklung abweicht, die gleichen Grundzüge, die gleiche innere Struktur aufweisen. Immer werden unter den Leistungen des zentralen, dem Organ zugehörigen Überbaues zu finden sein: *Aufmerksamkeit*, gleichmäßig und den Organverknüpfungen mit der Außenwelt entsprechend auf die Umgebung gerichtet bei vollwertigem Organe, ungleichmäßig verteilt und je nach der Organüberkompensation gesteigert bei minderwertigen Organen; leicht erregbar, aber weniger ergiebig bei schlecht gelungener Kompensation, dürftig oder nicht vorhanden im Falle bleibender zentraler Minderwertigkeit. Schon bei diesem psychischen Phänomen finden wir die Unterschiede wieder, die seit langem als entscheidend für die Beurteilung von normalem Gehirn und der Neurose oder Neuropsychose angesehen werden, deren Fundierung aber erst unter Annahme der Organminderwertigkeitslehre geschehen kann. Wir wollen nun vorgreifend schon jetzt hervorheben, daß diese Studie dahin zielt, *alle Erscheinungen der Neurosen und Psychoneurosen zurückzuführen auf Organminderwertigkeit, den Grad und die Art der nicht völlig gelungenen zentralen Kompensation und auf eintretende Kompensationsstörungen.*

Die *organischen Nervenerkrankungen* aber sind nach unseren Voraussetzungen nur Spezialfälle, bei denen die lokalisierte Minderwertigkeit zu entzündlichen oder degenerativen Veränderungen neigt, die Kombination von organischen und funktionellen Affektionen, geradezu typisch für viele Krankheitsbilder, erscheint als notwendige Koordination. Der Einfluß der psychischen und hypnotischen Therapie läßt sich also leicht begreifen. Einige weitere Anführungen, den Unterschied von normaler psychischer Entwicklung und auf Überkompensation beruhender betreffend, sollen die *Erinnerung* und das *Gedächtnis* betreffen. Man darf dabei nicht aus dem Auge lassen, daß uns diese Begriffe nur das Sinnfällige aus dem Weben der

Psyche charakterisieren und daß die ihnen zugrunde liegenden Vorgänge eine psychische Kontinuität und psychischen Zusammenhang mit anderen Vorgängen, wie Empfindungen, Urteils- und Willensvorgängen, besitzen. Aber ebenso sicher ist ihr Zusammenhang mit dem äußeren perzipierenden und ausführenden Organe, dessen Relation zur Umgebung Art und Inhalt aller zentralen Vorgänge bestimmt. So kann man behaupten, daß jedem Organe seine Erinnerung, sein Gedächtnis im zentralen psychomotorischen Überbau zukommt, als eine Funktion dieses psychischen Feldes. Das minderwertige Organ betreffend ergeben sich bei Eintritt zentraler Kompensation oder Überkompensation funktionelle Steigerungen, deren eine als gesteigerte Gedächtnisleistung auffällig werden kann. *Unter der Summe der Erinnerungsbilder werden dabei jene durch ihre Stärke und Menge vorwiegen, die dem minderwertigen Organe respektive dessen überkompensiertem psychischen Feld angehören.*

Es entspricht nur der Eigenart unserer Kultur und ihrer Widerspiegelung in der menschlichen Psyche, daß Auge, Ohr und Sprechorgane zu ganz besonderen Leistungen angehalten werden und demgemäß ganz besondere Ausbildungen ihres psychischen Überbaues auch innerhalb des Normalen erlangen. Wo Kompensation oder Überkompensation eintritt, werden die dem Organüberbau angehörigen Gedächtnisleistungen gesteigert, aber auch all den Gefahren ausgesetzt sein, die dem gesteigerten Wachstum minderwertiger Organteile drohen, Störungen der Kompensation in Form von Gedächtnisschwäche, Amnesie, Steigerungen als besonders betonte Erinnerungen, assoziative Verstärkungen etc.

Ich kann an dieser Stelle nicht weiter ins Detail gehen. Einer ähnlichen Betrachtung unterliegen die *Ausbildung der kritischen Fähigkeiten* im Überbau des minderwertigen Organes, die *Steigerung der Introspektion, die Inspiration, Intuition und geniales Erfassen,* die Ausbildung des *halluzinatorischen Charakters* in der Psyche, die Entwicklung der *überwertigen Idee* auf Grundlage kompensatorischer Leistungen, die auch die Funktion des Wollens, die Empfindung von Lust und Unlust in ihren Bereich ziehen etc. Dem *motorischen Anteil* des kompensierenden Überbaues entspringen alle Phänomene der Neurosen, die sich als motorische Entladungen geltend machen, *Tic, Lähmungsformen und Krampf und Lähmung der Hysterischen, Epilepsie* etc., deren ganzes Krankheitsbild der jeweiligen Konstellation im psychomotorischen Überbau seine Entstehung verdankt, mehr weniger mit dem kompensatorischen Ausbau des Reflexmechanismus verknüpft ist. Auch die Beschäftigungskrämpfe, Schreibkrampf etc. reihen sich als Kompensationsstörungen hier an.

Bei den *Kinderfehlern, denen masturbatorischer Charakter* zugeschrieben wird, Daumenlutschen, Lippensaugen, Kitzeln der Haut, Berührung des Afters und echte Frühmasturbation, ist wieder die spielerische, auf Lustgewinn berechnete Neigung zu beobachten, die dem minderwertigen Organ, Mund, Darm, Genitalien eigen. Das Gleiche gilt von der Enuresis nocturna. Wenn wir uns nun erinnern, daß alle minderwertigen Organe vielleicht regelmäßig von minderwertigen Sexualorganen begleitet werden, denen gleichfalls die Neigung nach Lustgewinn in hohem Grade eigen ist, wenn wir hinzunehmen, daß fast alle mit Kinderfehlern behafteten Kinder auch masturbatorische Berührungen der Genitalien vornehmen, so müssen wir als Ergebnis dieser Betrachtungen feststellen, daß der *Besitz minderwertiger Organe besonders leicht zur sexuellen Frühreife, zur Frühmasturbation führen kann.*

Ist dieses entscheidende Ereignis eingetreten, dann gibt es zumindest zwei dominierende Hirnpartien, die erhöhte Wachstumsreize und einen erhöhten psychischen Antrieb erleiden, und eine von ihnen baut sich über dem minderwertigen Sexualapparat auf. Daß die beiden psychischen Felder sich assoziativ verknüpfen – ganz ähnlich wie bei audition colorée, die auch dem kompensatorischen Überbau zweier minderwertiger Organe ihre Entstehung verdankt –, ist begreiflich. So entstehen frühzeitig psychische Gruppierungen, die sich ursprünglich aus zweierlei Eindrücken gestaltet haben: einerseits aus der sexuellen Gefühls- und Begriffswelt, andrerseits aus dem psychischen Überbau von Auge, Ohr, Mund, Exkretionsorganen, Haut, Nase. In allen diesen Fällen hängt das Schicksal der Gesamtpsyche von der völligen oder unvollständigen Bewältigung und Ausgleichung zweier korrespondierender Minderwertigkeiten, der zentralen und peripheren, ab; das Schicksal des Menschen liegt dann in der vollständigen oder unvollständigen, in der andauernden oder gestörten Kompensation. Die Übersicht gestaltet sich aber schwieriger, sobald die sexuelle Komponente ins Spiel kommt und den anderen psychischen Überbau berührt und beeinflußt. Die Kompensation kann dann eine allseitige sein, sie kann sich aber auch nur in einem oder in keinem der psychomotorischen Felder ausgebildet haben. Wie sich dies im Einzelfall, bei den verschiedenen Psychoneurosen, geltend macht, haben wir hier nicht zu untersuchen. Nur muß ich erwähnen, daß die interessanten psychischen Phänomene der Verdrängung, der Ersatzbildung, der Konversion, die FREUD in seinen Psychoanalysen nachwies und die ich ebenfalls als die wichtigsten Bestandteile der Psychoneurosen fand, auf der oben geschilderten Gestaltung der Psyche bei minderwertigen Organen erwachsen. Ebenso klärt sich aus obigem der regelmäßige Befund der »sexuellen Grundlage« der Psychoneurosen auf. Die vollkommene Kompensation, die wir bei Künstlern, Genies, einzelnen Berufsmenschen finden, hat mit den Psychoneurosen viele psychische Funktionseinheiten gemeinsam und mit manchen, speziell mit der Hysterie, einen gemeinsamen Durchgangspunkt, den halluzinatorischen Charakter der Psyche.

Wie sehr unsere Auffassung von der Kompensation und Überkompensation des minderwertigen Organes mit dem Volksgeist übereinstimmt, möge folgende Darstellung aus »GRIMMS *Deutscher Mythologie*« bezeugen:

»*Wie bei den Göttern, so findet man auch bei den Helden Mangel an Gliedern: Odin ist einäugig, Tyr einhändig, Locki (? = Hephaest) lahm, Hödr blind, Vidar stumm, nicht anders Hagano einäugig, Walkeri einhändig, Günthari und Wieland lahm; blinde und stumme Helden gibt es viele. Aber das scheint heldenmäßig, daß die Kindheit und erste Jugend ein Fehler verunstalte und aus solchem Dunkel hernach plötzlich die leuchtende Erscheinung, gleichsam die zurückgehaltene Kraft vortrete.* Hierher gehört schon die Blindgeburt der Welfe und die volksmäßige der Hessen und Schwaben.«

Biologische Gesichtspunkte in der Minderwertigkeitslehre

Seine deutlichste Ausprägung gewinnt das minderwertige Organ im Phänomen der angeborenen Mißbildung. Nicht viel weniger deutlich zeichnet sich das Wesen der Minderwertigkeit in den äußeren Stigmen ab. Die Zusammenhänge der anderen Minderwertigkeitszeichen mit diesen beiden sind in dieser Studie so deutlich beleuchtet worden, daß sich der Schluß von selbst ergibt: *die Minderwertigkeit des Organes ist embryonalen Ursprunges.*

Desgleichen ist die Variabilität, die Wachstumsenergie und Fähigkeit zur Kompensation stark genug betont worden. Sie sind es ja, die die Möglichkeit einer Anpassung garantieren, vorausgesetzt, daß die Lebensfähigkeit und Lebensdauer durch die ursprüngliche Wachstumshemmung nicht gefährdet erscheint, vorausgesetzt ferner, daß der Heranziehung von Reservekräften nicht allzu große Hindernisse entgegenstehen. Der endgültige Erfolg des Kampfes um den Bestand des Organes geht aus der Relation zwischen vorhandenem, bildungsfähigem Material und der geforderten Arbeit hervor. Die dabei zutage tretenden Wachstumsanstrengungen und Erfolge sind mit denen normaler Organe nicht zu vergleichen. Sie führen uns vielmehr einen Teil jener Kraft vor Augen, die sich in der Lebhaftigkeit und Variabilität embryonalen Wachstums äußert. Dadurch nun rechtfertigt sich eine zweite Behauptung: *das minderwertige Organ trägt in Morphologie und Funktion den embryonalen Charakter an sich.*

Von den *Ursachen* der Organminderwertigkeit läßt sich nach Analogie der Ursachen von Mißbildungen folgendes Schema entwerfen:

1. Primärer Mangel an Bildungsmaterial. Man wird dabei besonders deutlich familiäres Auftreten beobachten können oder erschöpfende Krankheiten, Lues, Alkoholismus, Vergiftungen der Eltern zur Zeit der Zeugung vorfinden. Im letzteren Falle wird jedoch häufig die Auswahl des Organes durch eine primäre Minderwertigkeit desselben

weiter determiniert sein.

2. Entzündliche Vorgänge während der embryonalen Entwicklung, wobei wieder die Auswahl des Organes nicht ohne Determination geschehen kann.

3. Störender Einfluß eines benachbarten Organes in der fötalen Periode. Auch in diesem Falle muß ein dispositionelles Moment für das nachteilige Zusammenwirken aufgesucht werden.

Wenn wir von dem nunmehr gewonnenen Standpunkt aus eine einheitliche Perspektive zu der Minderwertigkeit von Organen gewinnen wollen, so muß sich unsere Aufmerksamkeit dem embryonalen Bildungsmaterial und seinen Schicksalen zuwenden. Die Minderwertigkeit, von der hier abgehandelt wird, ist niemals Folge, sondern immer Vorbedingung, recht eigentlich das, was man gewöhnlich unter den dunklen Begriff der Disposition zu stellen versucht hat. Das Unfertige an dieser Art von Organen, ihre oft nachweisbaren Entwicklungsstillstände, der Mangel an Ausbildung in histologischer oder funktioneller Richtung, das funktionelle Versagen in der postfötalen Zeit, andrerseits die Steigerung ihrer Wachstumstendenz bei Kompensationszwang und Kompensationsmöglichkeit, die häufige Erzielung funktioneller Mehrleistung zwingen zur Annahme, daß allen minderwertigen Organen ein Stück fötalen Charakters zukommt. Mit der Loslösung vom mütterlichen Organismus beginnt für diese Organe und Organsysteme der Kampf mit der Außenwelt, der notwendigerweise entbrennen muß und mit größerer Heftigkeit einsetzt als bei normal entwickeltem Apparat. Diesen Kampf begleiten die höheren Krankheits- und Sterbeziffern. Doch verleiht der fötale Charakter zugleich die erhöhte Möglichkeit der Kompensation und Überkompensation, steigert die Anpassungsfähigkeit an gewöhnliche und ungewöhnliche Widerstände und sichert die Bildung von neuen und höheren Formen, von neuen und höheren Leistungen. Man gewinnt unschwer den Eindruck, als habe der Organismus an der fötalen Entwicklung gespart, an einer bestimmten Stelle der embryonalen Zeitigung abgebrochen, um dem Organ eine Wegzehrung fürs Leben, erhöhte plastische Kraft mitzugeben. Und man kann sich der Auffassung kaum entschlagen, daß dieser neue Bildungsversuch an jenen Organen unternommen wird, an denen eine Reihe der Vorfahren durch äußere Ursachen, durch geänderte Lebensbedingungen im Leben Schaden gelitten haben. So stellen die minderwertigen Organe das unerschöpfliche Versuchsmaterial dar, durch dessen fortwährende Bearbeitung, Verwerfung, Verbesserung der Organismus mit geänderten Lebensbedingungen in Einklang zu kommen sucht.

Der Kampf mit den feindlichen Einflüssen des Lebens droht den Eignern minderwertiger Organe häufig mit Krankheit und Tod, sofern sie überhaupt lebensfähig in die Welt treten. So furchtbar und erschreckend uns dieses Hekatombenopfer anmutet, es hindert, wenn man längere Zeiträume ins Auge faßt, die schrankenlose Ausbreitung des minderwertigen Bildungsmaterials der Menschheit. Fallen aber einerseits die einer Kompensation nicht fähigen minderwertigen Organe unter dem Drucke der Außenwelt einem rascheren oder langsameren Verderben anheim, so gestaltet die Natur andrerseits aus diesen Organen durch Schaffung einer Kompensation Apparate von variablerer Funktion und Morphologie, die sich in vielen Fällen als durchaus leistungsfähig erweisen und den äußeren Verhältnissen um einiges besser angepaßt sind, da sie ja aus der Überwindung dieser äußeren Widerstände ihren Kraftzuwachs bezogen haben. Ihre Überwertigkeit ist tief begründet in dem Zwange eines ständigen Trainings, in der den minderwertigen Organen oftmals anhaftenden Variabilität und größeren Wachstumstendenz und in der durch die innere Aufmerksamkeit und Konzentration erhöhten Ausbildung des zugehörigen nervösen und psychischen Komplexes. *Die Anpassung an geänderte Lebensverhältnisse vollzieht sich also in erster Linie nicht im Kampfe ums Dasein durch das Überleben des zufällig Stärkeren, sondern auf Grundlage der Variabilität und gesteigerten Wachstumstendenz minderwertiger Organe.*

Wir haben die Heredität als eines der wichtigsten Kennzeichen minderwertiger Organe hingestellt und diese Relation durch das Phänomen der gleichzeitigen Minderwertigkeit des Sexualapparates begreiflich zu machen gesucht. Unter den Erklärungsmöglichkeiten dieser Erscheinung dürfte eine solche den vordersten Platz einnehmen, die mit der zu leistenden Mehrarbeit des minderwertigen Organes rechnet, so daß einer starken Beanspruchung des Organes eine Hemmung seines embryonalen Äquivalents in den Geni-

taldrüsen entspräche. Übrigens ist nicht alles, was als erworbene Eigenschaft aufgefaßt wird, ohne Beziehung zum minderwertigen Organ. Es kann im Gegenteil angenommen werden, daß sich die eingreifendsten Veränderungen und Schäden im minderwertigen Organ abspielen, dessen Heredität, embryonale Plastizität und variabler Charakter über jeden Zweifel erhaben ist.
Der Hinweis auf die gesamte organische Welt ergibt sich von selbst. Und somit erscheint die Lehre von der Organminderwertigkeit berufen, die Deszendenztheorie in ihren wichtigsten Punkten zu erweitern und zu stützen.

Anhang

Zur Minderwertigkeit des Harnapparates –
Schicksale der Enuretiker und ihres Stammbaumes

Am Ausgangspunkt dieser Studie stehen einige Betrachtungen über Erkrankungen der Harnorgane, in deren Fortsetzung und Erweiterung wir dazu kamen, als Grundlage einer besonderen Auffassung der Pathologie die Organminderwertigkeitslehre hinzustellen. Wenn nun zum Schlusse der Versuch gemacht werden soll, aus der Kasuistik eines einzelnen Organes, wieder des Harnapparates, die Geltung und Tragweite der Minderwertigkeitslehre zu veranschaulichen, bereits bekannte Zusammenhänge zu bekräftigen, neue aufzudecken, so glaube ich den großen Schwierigkeiten einer solchen Aufgabe am besten beikommen zu können, wenn ich nur Fälle wähle, die sich nach einem einzigen, allerdings deutlichen Gesichtspunkt ordnen lassen, die ein Symptom der Minderwertigkeit entweder selbst oder im Stammbaum gemeinsam haben, das Symptom des Kinderfehlers, der Enuresis.

Über die Enuresis, ihr Wesen und ihre pathogenetische Stellung, liegt in der Literatur ein ungeheueres, aber nur teilweise verwertetes Material vor. Ich selbst habe in vorliegender Studie einiges Wichtige daraus hervorgehoben.* An dieser Stelle muß ich mich darauf beschränken, die Zentrierung der Minderwertigkeitserscheinungen des Harnapparates durch die Enuresis durchzuführen, die gleichzeitige Minderwertigkeit des Zentralnervensystems und des Sexualapparates hervorzuheben und dieses durch Fälle zu belegen. Ich folge dabei dem schematischen Aufbau in meiner Studie und hoffe, daß man die allgemeinen Gesetzmäßigkeiten, die ich dort ableitete, auch hier wieder im Speziellen finden wird.

So bezüglich der *Erkrankungen im Harnapparat*, sei es an dem Enuretiker selbst oder in seinem Stammbaum. Man wird alle genuinen Erkrankungen erwarten dürfen, an der

---

* In dem nächstens erscheinenden »Illustrierten medizinischen Handlexikon« (von Dr. MAX KAHANE, Wien-Berlin) werde ich eine kurze Darstellung dieses Kinderfehlers geben.

Prostata, der Blase, den Ureteren, den Nieren und der Harnröhre. Man wird aber auch Lokalisationen von Krankheiten, angeborene Anomalien, einen besonderen, meist schweren Verlauf von Infektion und funktionelle Affektionen antreffen. Als besonders interessante Tatsachen möchte ich aus meinem Material hervorheben Karzinom des Harnapparates, Schrumpfniere, Scharlachnephritis und schweren Verlauf von Gonorrhöe bei Enuretikern oder in deren Stammbaum.

Das zweite Minderwertigkeitszeichen, *die Heredität*, macht sich schon bei der Enuresis selber hervorragend bemerkbar. Nicht weniger allerdings auch durch Vertretung aller denkbaren Affektionen, Anomalien und Stigmen an irgend einem Anteile des Harnapparates, wie schon im obigen hervorgehoben wurde.

Auch die Degenerationszeichen, fälschlich oft als Ursachen der Enuresis angesehen, werden wir häufig antreffen als peripherstes Phänomen der Minderwertigkeit des Harnapparates. Allerdings auch des Sexualorganes, das sich fast regelmäßig als in die Minderwertigkeit miteingeschlossen erweist.

Bezüglich der Reflexanomalien ist auf den Sphinkterkrampf hinzuweisen, den man häufig auch bei gewesenen Enuretikern antrifft. Fast ebenso häufig trifft man bei der Sondierung der Harnröhre einen schlaffen, reaktionslosen Sphinkter externus, beides Anomalien, wie wir sie bei Besprechung des Gaumenreflexes hervorgehoben haben. Das FREUDsche Symptom mancher Enuresisfälle, Adduktionskrampf der Oberschenkel bei brüskem Auseinanderzerren derselben, entspringt der Ausdehnung der Reflexzone des Sphinkters und steht in Analogie zur Würgbewegung bei gesteigertem Rachenreflex, die sich in manchen Fällen durch Vordringen des Spatels hinter die Zahnreihe schon auslösen läßt. Weiter sind hier noch anzuführen Harnstottern, Frösteln und Schüttelfrost beim Urinieren, funktionelle Dysurie, Harnretention und Pollakiurie, die man häufig bei gewesenen Enuretikern oder in ihrem Stammbaum antrifft.

Der *segmentalen Minderwertigkeit* bei Enuretikern muß ich großes Gewicht beilegen. Nicht so sehr den Hautanomalien, die sich als Naevi oder Neurofibrome in der Höhe der Niere, in der Blasengegend oder in der Schenkelbeuge oft vorfinden, sondern einer Minderwertigkeit, die oft den ganzen hinteren Rumpfabschnitt betrifft und sich als primäre Schwäche in der Harn-, Stuhl- und Samenentleerung geltend macht, die oft überwunden, auch überkompensiert werden kann und offenbar mit einer Minderwertigkeit des Rückenmarkes von der Lendenwirbelsäule abwärts in Verbindung steht. Nicht selten sind in diese Minderwertigkeit die unteren Extremitäten mitinbegriffen. Diese Relation ist wichtig für die Frage der Tabes, der Ischias, der Stuhlinkontinenz in Enuretikerfamilien. Die Wirbelsäule beteiligt sich daran auch mit Andeutung von Spina bifida oder Deformität, die unteren Extremitäten mit Deformität, unproportionierten Beinen oder Gelenkserkrankungen.

Was die *gleichzeitige Minderwertigkeit* anderer Organe, besonders der Sexualorgane anlangt, so soll das vorliegende Material dafür sprechen. In der Literatur findet sich davon am häufigsten der Kryptorchismus erwähnt, den ich auch oft nachweisen konnte, und etwa noch Phimose, Hypospadie und Verklebung von Präputium und Eichel, wenn man diese als Minderwertigkeitszeichen der Sexualorgane gelten lassen will. Bedeutsamer für meine Behauptungen sind die Fälle von Geschwulstbildungen in den Sexualorganen, wie sie der Enuretikerstammbaum aufweist, und die fast regelmäßig nachweisbaren Anomalien im Sexualverkehr, vor allem Ejaculatio praecox. Auffallend oft sterben die Mütter aus Enuresisfamilien während oder nach einer Geburt, und man findet Enuretiker oft als Stiefkinder. Aus meinem Material geht hervor, daß Minderwertigkeitserkrankungen der Sexualorgane oder der Nieren solchen frühen Tod veranlassen können, während andere solcher Mütter durch eine schwere Geburt (Beckenanomalien als segmentale Minderwertigkeit), durch Schädigungen während einer der ersten Schwangerschaften vor Lebensgefahr infolge einer neuen Gravidität sich bewahren. In anderen Fällen bleibt die Konzeption aus oder stets wiederholter Abortus verhindert die Mutterschaft. Als Ursache findet man dann meist Uterusmyom, Nierenerkrankung oder Infantilität des Uterus (Enge des Orifiziums).

Die Beziehungen der Enuresis zum Zentralnervensystem und zur Psyche sind einigermaßen in der Literatur festgehalten, ohne daß die hier aufgedeckten Zusammenhänge gewürdigt worden wären. FREUD, der am weitesten vorgedrungen war, hat die Bedeutung der infantilen Enuresis in Traum und Neurose hervorgehoben. Die *Breslauer Schule* und viele andere mit ihr halten umgekehrt die Enuresis für ein hysterisches Symptom. Den Harndrang und die Inkontinenz bei psychischer Mehrbelastung, bei Lachen und Weinen (BECHTEREW), bei Schreck, beim Anblick von Wasser und Feuer und anderes haben viele Autoren beobachtet, ohne wie FREUD auf überstandene Enuresis zu schließen. H. ELLIS hebt hervor, daß Musik bei Kindern und Tieren Harndrang hervorrufen könne, was übrigens bereits SHAKESPEARE bekannt war, der seinen Shylok sagen läßt: »Noch andere können, wenn die Sackpfeife durch die Nase singt, vor Anreiz den Urin nicht bei sich halten.« Wir müssen bezüglich unseres Standpunktes auf das an entsprechender Stelle Gesagte verweisen und betonen nochmals, daß *die Enuresis wie jeder andere Kinderfehler die funktionelle Seite der Organminderwertigkeit darstellt.* Dem mangelhaft dem Milieu gehorchenden Organ ist ein ursprünglich minderwertiger psychomotorischer Überbau übergeordnet, der bei jeder psychischen Mehrbelastung, auch beim Spiel oder Lernen, versagen kann, der eine Zeitlang nur dann zur kulturellen Funktion des Organes ausreicht, wenn ein dauerndes Interesse, eine Binnenaufmerksamkeit, die sonst spielerische Tätigkeit des Organes überwacht. Die Erledigung des Kinderfehlers geschieht durch Kompensation im zugehörigen psychomotorischen Überbau und seinen Bahnen, was zu bedeutsamen Verstärkungen der Gesamtpsyche, aber auch zu vielerlei Störungen führen kann, die im Wesen der Kompensation gelegen sind. Immer aber trägt die Psyche die Spuren der enuretischen Konstitution an sich und dies auch in Fällen, wo sich die Konstitution nicht im Kinderfehler äußert, sondern bloß in den anderen Zeichen der Organminderwertigkeit. Dem überstürzten, gesteigerten Ausbau der Reflexbahnen fallen das Zappeln mit den Beinen, das Harnstottern, die Dysurie, die Harnretention, die unwillkürliche Entleerung der Kinder zur Last, Erscheinungen, die wir bei Hysterie wiederfinden, soferne sie der Minderwertigkeit der Harnorgane ihren Ursprung verdankt, während uns die Astasie und Abasie der Hysterischen zuweilen die motorische Schwäche des Segmentes aufdeckt, die ursprünglich auch der Blasenfunktion anhaftete. Die Enuresis der Idioten zeigt uns die ganze Unfähigkeit ihres minderwertigen Zentralnervensystemes zur Kompensation.

Dem Zusammenhang von Enuresis und Epilepsie dürfte eine einseitige Überkompensation im gesamten zentralen Reflexmechanismus zugrunde liegen, der sich aus dem Kompensationszwang infolge von mehrfachen Organminderwertigkeiten herleitet. Das große Schlafbedürfnis, die besondere Schlaftiefe der Enuretiker entspricht nur dem gesteigerten Verbrauch psychischer Kraft, die normale Arbeit der Schule, des Lebens kann sich oft schon als Überbürdung fühlbar machen. Pavor nocturnus in der Kindheit, der recht häufig bei enuretischer Konstitution auftritt, entspringt dem übergroßen Zärtlichkeitsbedürfnis dieser Kinder, das sich des Nachts, im Schlafe, im Finstern in Angst und Schreien entladet. Die Ängstlichkeit, die fast jedem Enuretiker in der Kindheit anhaftet, ist ein allgemeiner Ausdruck seiner Hilflosigkeit dem minderwertigen Organ gegenüber und haftet oft auch dem Erwachsenen noch an. Zu seinen sonstigen Charakteren im späteren Leben, Furcht vor Wasser und Feuer gesellt sich nicht selten Furcht vor der Nacht. Zuweilen gelingt es ihm, die Furcht in jeder Form zu überwinden und deren Kontrast, äußersten Mut und Courage, zu gewinnen. Vieles von dem, was wir hier trocken schildern, hat JEAN PAUL in »Schmelzles Reise« anschaulich dargestellt, deren Held, wie sich leicht erkennen läßt, eine Zwangsneurose auf Basis der Minderwertigkeit des Harnorganes aufweist. Nachtwandeln, das analog dem Sprechen, der unwillkürlichen Harn- und Stuhlentleerung im Schlafe, eine spielerische, lustvolle Organbetätigung darstellt, wird man bei Enuretikern entsprechend der häufigen segmentalen Minderwertigkeit oft vorfinden. Der Traum des Enuretikers, in der Zeit des Kinderfehlers mit Bettnässen verbunden, hat recht häufig den Akt des Urinierens, späterhin nach der Zeit der Enuresis die Vorstellung von Schwimmen, Baden, Bootfahren zum Inhalt, erlaubt mit Sicherheit die Diagnose überstandener Enuresis und stellt sich besonders in der Kindheit als primitive Wunscherfüllung nach ungebundener Organbetätigung dar (FREUD). Bleibt manchen von ihnen die Wasserscheu fürs ganze Leben haften, so kommen andere zu hervorragenden Leistungen im Schwimm- und Rudersport.

Die gleichzeitige Minderwertigkeit des Sexualorganes und das dauernde Interesse für die Blasenentleerung sind es vor allem, die neben der Enuresis vielleicht regelmäßig einen zweiten Kinderfehler, die Frühmasturbation, autoerotische Berührungen der Genitalien entstehen lassen. Damit ist wieder neuer Anlaß gegeben zu Abwegen in der psychischen Entwicklung. Der früh erwachte Autoerotismus macht das Kind für die Erziehung ungeeigneter, die Eindämmung böser, unkultureller Triebe von außen her wird aus demselben Grunde schwierig, das Kind fügt sich nur schlecht in die Kultur, wird schlimm und ungebärdig. Daneben erwachen in ihm neue Verstärkungen für seine Feigheit, Scheu und Ängstlichkeit und es sucht mit unheimlicher Konsequenz Trost und Schutz vor dem gewonnenen Verständnis für die Sünde in »kindischem« Aberglauben und religiöser Phantasie. In der Psychoanalyse neurotischer Personen findet man beide im ideologischen sexuellen Überbau. Physiologisch betrachtet, kommt es zur Kompensation im psychomotorischen Feld der Sexualorgane, zu Verstärkungen und Hemmungen. Wie oft diese Vorgänge zur Grundlage von Neuropsychosen werden, sobald sich Kompensationsstörungen und Wechselwirkungen zweier minderwertiger psychomotorischer Felder ergeben, hat FREUD durch sein psychoanalytisches Material unwiderleglich nachgewiesen. Auch in meiner Kasuistik finden sich viele Belege dafür, die durch ihre feste Zugehörigkeit zur Organminderwertigkeit und deren Konsequenzen auf sicherer Basis stehen.

Der vertiefte autoerotische Zug, den der Enuretiker aufweist, das gesteigerte Interesse an den eigenen Sexualphänomenen läßt es begreiflich erscheinen, daß ihn an anderen Personen, falls keine andere Erledigung zustande kommt, vor allem das gleiche Sexualorgan anzieht. In einigen Fällen konnte ich diesen Zusammenhang feststellen, so daß uns die Homosexualität und der Exhibitionismus als Erscheinungen an Personen mit minderwertigem Sexualorgan, oft im Vereine mit enuretischer Konstitution begreiflich wird. Zum Schlusse muß ich noch hervorheben, daß die große Häufigkeit der Enuresis bei jugendlichen und Gewohnheitsverbrechern nicht schwer zu verstehen ist. Beide, Blasenfunktion wie Impulse, stehen bei *ausgebreiteter* Minderwertigkeit des Zentralnervensystems zuweilen ohne kompensatorische Begrenzung da und folgen ihrer Natur ohne Rücksicht auf die kulturelle Mission.

Die Zeichen angestrengterer Bewußtseinsleistung, die zur Kompensation des Zentralnervensystems führt, wird man höchstens bei Idioten völlig, bei jugendlichen Verbrechern zum Teil vermissen. In deutlicher, wenn auch abnormer Weise äußern sie sich bei Neurasthenie, Hypochondrie, Hysterie, Epilepsie, Paranoia, Zwangs- und Angstneurose. Unter günstigen Umständen können sie aber auch einer anderen Kategorie von Menschen anhaften, hervorragend leistungsfähigen Köpfen, hochbegabten und genialen Naturen, bei deren Betrachtung wir erkennen müssen, daß die psychische Arbeitsleistung zur Hintanhaltung der Enurese im Einklang mit einem gewaltigen Training der psychomotorischen Sphäre zu körperlicher und geistiger Überwertigkeit Veranlassung gegeben hat. Sehr oft ergeben sich dabei Grenz- und Mischfälle mit nicht völlig geglückter Überkompensation.

Ich lasse nunmehr in Kürze jenes Material folgen, dem ich meine Befunde bei Minderwertigkeit der Harnorgane verdanke; die Auswahl geschah entsprechend dem Vorkommen des Kinderfehlers, der Enuresis, im Stammbaum.

1. Siegfried H., 34 Jahre alt, Kaufmann, klagt über zeitweilig auftretende Aufregungszustände, Druck in der Herzgegend, Angstgefühle und Impotenz. Leidet seit der Kindheit an Obstipation, hat mehrmals heftige Bauchkoliken durchgemacht. Im Verlaufe einer schweren Urethritis posterior trat für einige Tage Retentio urinae ein. Schilddrüse bedeutend vergrößert. Sonstiger Befund sowie Harnanalyse normal. Neigung zu Exhibitionismus. Vater an Nephritis, drei Schwestern im Wochenbett gestorben. Gibt an, bis zum 9. Jahre an Enuresis gelitten zu haben.

2. Oskar C., 23 Jahre alt, Student, klagt über Unfähigkeit zum Lernen, Kopfdruck und nervöse Gereiztheit. In letzter Zeit spontan auftretende Schmerzen im rechten Testikel. Normaler Befund bis auf Verdickung des Kopfes im rechten Nebenhoden. Dem Samenstrang entlang zwei kleine knötchenförmige Verdickungen, die den Gedanken an Tuberkulose nahelegen. Zwei analoge Fälle, bei denen die Verdickungen zurückgegangen waren, ließen Coitus protractus als Ursache vermuten, der eine davon hatte zeitweilig blutiges Sperma (Ruptur der Gefäße?) ejakuliert.

Auch im vorliegenden Falle wurde protrahierter Koitus zugestanden. Sonst Ejaculatio praecox. Behauptet, nur einige Male im Alter von 9 Jahren genäßt zu haben. – Ein älterer Bruder litt bis zum 16. Jahre an Enuresis, die Harnanalyse des Vaters, der an einer leichten Form von Epilepsie leidet, weist zeitweilig Albumen, hyaline und granulierte Zylinder auf. Großvater und Großmutter väterlicherseits starben an Apoplexia cerebri (Schrumpfniere?), eine Tochter derselben an Urämie. Ein zweiter Bruder des P. litt an Paranoia acuta hallucinatoria und zeigte Verklebung des Präputiums mit der Glans.

3. Ignaz W., 52 Jahre alt, Beamter, klagt seit einem Jahr über vage Schmerzen im Rücken und in der Nierengegend. Harnbefund: spezifisches Gewicht 1007, geringe Spuren von Albumen, dauernd vermehrte Menge, Pollakiurie. Pulsspannung über die Norm erhöht, zweiter Aortenton akzentuiert. Herz hypertrophisch. Enuresis wird geleugnet. Ein Bruder und ein Kind des Patienten haben daran gelitten. Mutter ist mit 26 Jahren bei einem Partus gestorben.

4. Dolly A., 7 Jahre alt, ein ängstliches, zartes, blasses Kind, das seit der Geburt an Enuresis leidet. Mutter war gleichfalls Bettnässerin, die Großmutter mütterlicherseits starb an Urämie.

5. Elisabeth D., 3 Jahre alt, Enuresis nocturna et diurna. Ängstliches Kind, das sich fürchtet, allein im Zimmer zu bleiben, nicht ausgeht, ohne sich an der Hand führen zu lassen, auch sonst großes Zärtlichkeitsbedürfnis und Sucht nach Anlehnung an den Tag legt. Pavor nocturnus. Spricht fast den ganzen Tag vom »Pissen«. In der Familie des Vaters Enuresis, Großmutter mütterlicherseits leidet an Schrumpfniere. Als Pat. und ihre Schwester an Skarlatina erkrankten, zeigte die Schwester, keine Bettnässerin, Hämaturie. (SPIELER hat ähnliche Fälle veröffentlicht, ohne unsere Beziehung zur Enuresis herzustellen.)

6. Friedrich V., 42 Jahre alt, Kaufmann, war wie mehrere seiner Geschwister Bettnässer. Derzeit zeitweilig Albuminurie leichten Grades und geringgradige Herzhypertrophie. Gelegentlich einer Lues zeigt sich heftige Intoleranz gegen Jod. Bei Mutter und einer Schwester andauernde Phosphaturie, wie ich sie häufig in Enuretikerfamilien antraf.

7. Alexander S., 28 Jahre alt. Abulie. Gibt auf Befragen an, daß die Libido sexualis mangelhaft sei. Erektion unzulänglich. Ejaculatio praecox. Linksseitige starke Varikokele, rechts Hydrokele. Hat mit Vorliebe Ruder- und Schwimmsport getrieben. Schwimmträume häufig. Noch vor einem Jahre träumte er, daß er seine Notdurft verrichte, und urinierte dabei ins Bett. Enuresis bis zum 10. Jahre. Vater an einer Nierenaffektion gestorben.

8. Albert K., 45 Jahre, Eisenbahnbeamter. Schmerzhafte Harnretention seit 12 Stunden. Hat die gleiche Affäre vor 20 Jahren durchgemacht. Befund negativ. Der Katheter passiert den Sphinkter, ohne Widerstand zu finden. Ejaculatio praecox. Enuresis bis zum 7. Jahre. Angeblich keine Schwimmträume, war beim Militär Schwimmlehrer. Von 9 Geschwistern sind 7 frühzeitig gestorben. Nimmt an, daß die Retentio durch Aufschub des Urinierens entstanden sei. Vom nächsten Tage an normales Verhalten.

9. Eugen M., 26 Jahre, Buchhalter, klagt über Kopfdruck und Mattigkeit. Phosphaturie. Von 23 Geschwistern sind 17 an unbekannten Krankheiten gestorben, einer unter Erscheinungen der Wassersucht. Enuresis bis zum 12. Jahre. Betreibt eifrig Rudersport.

10. Julius S., 39 Jahre alt, Schriftsteller, leidet an nervösen Magenbeschwerden. Die Mutter ist hochbetagt unter urämischen Erscheinungen gestorben. Ein Bruder leidet an chronischer Nephritis, ein zweiter an neurasthenischen Beschwerden und Phosphaturie. Patient selbst hat eine schwere Gonorrhöe durchgemacht und zeigt gleichfalls Phosphaturie. Enuresis im Kindesalter, Hypospadie und paraurethraler Gang.

11. Sophie B. (schon zitiert), hat 3 Partus überstanden. Während der ersten Gravidität unter Fiebererscheinungen und Schmerz Pyelitis, ebenso während der zweiten und dritten. Sofort nach der Geburt normaler Harnbefund. 4 Monate nach der letzten Entbindung traten Schmerzen in der rechten Nierengegend auf. Kurz darauf Schüttelfrost und anschließend eine Febris intermittens durch 8 Tage. Darauf lytischer Abfall zu subnormalen Temperaturen, Rekonvaleszenz. Seit fast einem Jahre keine weiteren Erscheinungen. Der Urinbefund ergab zur Zeit des Fiebers Eiterklümpchen, rote und weiße Blutkörperchen, hyaline und granulierte Zylinder. Man muß die letzte Attacke als

den letzten Nachschub einer Graviditätspyelitis (ohne Gravidität?) ansehen. Zu Beginn der Erkrankung stellte ich die Behauptung auf, Patientin müsse aus einer enuretischen Familie stammen. Nach anfänglichem Leugnen gab Patientin dies zu; sie habe bis zum 12. Jahre an Bettnässen gelitten, ebenso mehrere ihrer Geschwister. Der Vater war an Blasenkarzinom gestorben, eine Schwester leidet an Idiotie, eine starb im Status epilepticus. Patientin selbst war stets ängstlich. Zwei ihrer Kinder zeigten bis zum 3. Jahre Enuresis, später Pavor nocturnus.

12. Fritz C., Kaufmann, 26 Jahre alt, erkrankte vor 3 Jahren an Schmerzen in beiden Hypochondrien, die gegen die Blase ausstrahlten. Dabei soll mäßiges Fieber aufgetreten sein. Der Harnbefund ergab damals: Spezifisches Gewicht 1020, sauer, normale Menge, getrübt. Albumen 0,08%, im Sediment erhaltene und ausgelaugte rote Blutkörperchen, hyaline, fein und grob granulierte Zylinder, vereinzelt Epithelial- und rote Blutkörperchenzylinder, spärliche Leukozyten. Dieser Befund hat sich mit geringen Besserungen bis auf den heutigen Tag erhalten. Auch die Schmerzen treten, wenn auch selten, noch immer auf. Differentialdiagnostisch kamen Nephrolithiasis, Tuberkulose, Neoplasma und Nephralgie hématurique in Betracht, unter denen letztere Diagnose die größte Wahrscheinlichkeit hatte. Als mir eines Tages Patient eine Brandwunde am Finger zeigte, die er sich des Nachts zugezogen hatte, *als er schlafwandelnd wie schon öfters aus dem Bette stieg und im Schlafe eine Kerze anzündete*, stellte ich die Behauptung auf, daß er Bettnässer gewesen sei, was Patient sofort zugab. Bei weiterer Beobachtung des Patienten erwies er sich als homosexuell; litt gelegentlich an Harnretention von längerer Dauer, die sich stets an einen Schrecken anschloß. Der Katheter passierte den Sphinkter leicht. Auch seine Geschwister litten an Enuresis, eine Großmutter starb an Urämie. Patient litt gleichzeitig seit frühester Kindheit an Obstipation und war seit jeher gewöhnt, den Irrigator täglich zu verwenden. (Zweite Komponente der Homosexualität.)

13. Dr. L. Z., Jurist, 32 Jahre alt, Neurasthenie. Erkrankte vor 8 Jahren an Chorioretinitis auf hereditär luetischer Basis. Am rechten Auge besteht Schichtstar (Augenminderwertigkeit von offen embryonalem Charakter). Im Urin

findet sich regelmäßig Nukleoalbumin, zeitweise hyaline und granulierte Zylinder sowie Leukozyten. Klagt über sexuelle Schwäche, die sich nach Behebung einer hochgradigen Phimose besserte. Ejaculatio praecox. Enuresis bis zum 14. Jahre, Frühmasturbation, Neigung zu Exhibitionismus. Der Vater litt an progressiver Paralyse, die Mutter starb an Nephritis im 50. Lebensjahre. Einer der Brüder erkrankte nach einem Scharlach im 26. Jahre an Zwangsvorstellungen. Patient gilt mit Recht als ein hervorragend tüchtiger, hochbegabter Mensch.

14. Hugo R., 11 Jahre alt, ein zarter, blasser Junge, leidet wie alle seine männlichen Geschwister an Enuresis. Nach den Angaben seiner Angehörigen ist er schüchtern, ängstlich, zerstreut und kommt in der Schule nicht recht vorwärts. Die Mutter starb im 38. Lebensjahre an Tabes.

15. Fritz Sch., 17 Jahre alt, Handlungslehrling, erlitt im Verlaufe eines Monates zwei Anfälle von Bewußtlosigkeit, die sich an Aufregungen wegen einer Krankheit der Mutter angeschlossen haben sollen. Nach den Anfällen Mattigkeit, Lallen, Amnesie, kein Zungenbiß. Der herbeigerufene Arzt kam nach dem Anfall, der nur 5 Minuten währte und ohne Krämpfe einherging. Körperlicher Befund normal. Soll immer ein schlimmes Kind gewesen sein; gesteht Frühmasturbation und Enuresis bis zum 10. Jahre zu. Einer der Brüder litt gleichfalls an Enuresis, einer an neurasthenischen Beschwerden seit der Pubertät, ein dritter litt lange Zeit an *Arthritis gonorrhoica in den Knie- und Sprunggelenken* und hatte eine angeborene Verengerung der vorderen Harnröhre. Die Mutter litt an einer *Ovarialzyste* und mußte einer Operation unterzogen werden.

16. Sophie K., 29 Jahre alt, Kontoristin, litt seit der Pubertät an dysmenorrhoischen Beschwerden. Seit einem halben Jahre traten heftige Schmerzen in der Lenden- und Kreuzbeingegend auf. Die Untersuchung per rectum ergab ein faustgroßes intramuskuläres *Myom*. Enuresis bis zum 9. Jahre. Die Mutter starb bei einer *Entbindung*.

17. Rosa E., 32 Jahre alt, klagt über Schmerzen, die sich vom Kreuz beiderseits über die Hinterfläche der Oberschenkel bis zu den Kniekehlen hinziehen. Starke Druckempfindlichkeit der *Ischiadici*. Abdominalbefund normal. Überstand zwei ungemein protrahierte Geburten. Beide Male Hydramnios und verzögerte Eröffnungsperiode. Geringe

rachitische Verengerung des Beckens. Frigidität. Auffallend kurze, plumpe Beine mit ganz geringen Spuren von Rachitis. Im Gegensatz dazu schlanker Oberkörper. Enuresis bis zum 14. Jahre. Urin-, später Schwimmträume. War als Kind niemals ängstlich, spielte gern mit dem Feuer, steckte einige Male auch »unversehens« (Rolle des Zufalls!) Hausgeräte in Brand. Mutter starb mit 27 Jahren an Verblutung bei *einer Geburt*. Eine Schwester unterzog sich wegen *Myom* einer Operation. Dieselbe hat nicht an Enuresis gelitten, war aber ein frühreifes Kind und leidet an einer Waschzwangsneurose. Ein jüngerer Bruder litt an leichtgradiger Enuresis, die sich bald verlor, an Pavor nocturnus und zeigte als Kind hochgradige Angstzustände. Anläßlich einer ärztlichen Untersuchung konnte im Urin des nunmehr 22jährigen Mannes Nukleoalbumin nachgewiesen werden, ein Befund, der ebenso wie Phosphaturie in Enuretikerfamilien häufig ist.

18. Hugo K., 30 Jahre alt, Kaufmann, klagt über Kopfschmerzen, Aufregungszustände und Schlaflosigkeit. Zeigt querulantes Benehmen, beschuldigt gemäß eines Traumes eine Frau seiner Bekanntschaft sträflichen Umganges. Korrigiert aber in kürzester Zeit und sieht sein Unrecht ein. In früherer Zeit häufig Wutanfälle, Auffällige Abneigung gegen den Vater. Homosexuelle Neigungen und Berührungsfurcht. Frühzeitige Masturbation. Ejaculatio praecox. Der Katheter passiert den Sphinkter leicht. Nukleoalbumin im Harn. Litt bis zum 15. Jahre an Enuresis. Vater und Großvater litten an Prostatahypertrophie.

19. Alois W., 31 Jahre alt, Monteur. Leidet seit 2 Jahren an Urethritis posterior. Andeutung von Hypospadie, operierte Phimose, paraurethraler Gang. Der Vater starb mit 48 Jahren an Erscheinungen von *Hydrops*. Die Mutter leidet an Prolapsus uteri. Der ältere Bruder war bis zum 16. Jahre Bettnässer.

20. Artur S., 28 Jahre alt, Kaufmann. Zeigt 3 Monate nach einer schweren Skarlatina noch deutliche Spuren von Albumen. Hat eine lang dauernde Gonorrhöe hinter sich. Seit jeher Ejaculatio praecox. Intoleranz gegen sexuelle Abstinenz, während der er von Schlaflosigkeit, heftiger Aufregung, Angstzuständen und Furcht vor Wahnsinn gepeinigt wird. Frühmasturbation wird zugestanden. Enuresis und Stuhlinkontinenz durch längere Zeit. War ein äußerst

schwächliches Kind, das erst im 3. Jahre zu gehen begann. Derzeit nur geringe Spuren von Rachitis. Mutter starb bei einer Operation wegen *Uteruskarzinoms*. Vater leidet seit seinem 40. Lebensjahr an selten auftretenden typischen epileptischen Insulten und deren Äquivalent in Form von Aphasie.

21. Julius M., Kaufmann, 38 Jahre alt, klagt über *mangelhafte sexuelle Potenz*. Schlaffer Sphinkter. Enuresis bis zum 12. Jahre. Mutter starb in jungen Jahren.

22. Georg A., 16 Jahre alt, Handelsschüler, leidet seit einem halben Jahre an Urethritis posterior. Enuresis bis zum 8. Jahre und Frühmasturbation wird zugestanden. Vater leidet seit 20 Jahren an zeitweilig auftretenden lanzinierenden Schmerzen in den Beinen, zeigt Mangel an PSR, positiven Rhomberg, leichte Ataxie und Argyll Robertson. Keine Blasenstörungen, keine Impotenz. Die Mutter mußte sich vor kurzem einer *Myomoperation* unterziehen und leidet seit zwei Jahren an Schmerzen in der Lenden- und Kreuzbeingegend. (Die Eltern zeigen also beide segmentale Minderwertigkeit der Lenden- und Kreuzbeinsegmente.)

23. Dr. M. L., Schriftsteller, 41 Jahre alt, leidet seit Jahren an häufigen Rezidiven schwerer *Ischias*. Sexuelle Frühreife und Enuresis in der Familie wird zugestanden. Syphiolidophobie. Harnstottern und dysurische Beschwerden ohne Befund.

24. Josef S., Kaufmann, 42 Jahre alt, klagt über Angstzustände, chronische Obstipation, Verstimmung und Aufstoßen. Gibt an, daß sowohl bei ihm als bei seinen Brüdern stark verspätete Ejaculatio eintrete. Mehrmaliger langwieriger Verlauf von Urethritis posterior mit Komplikationen. Schlaffer Sphinkter. Hat zwischen dem 8. und 9. Lebensjahre an einer schmerzlosen Lähmung beider Beine gelitten und war über ein halbes Jahr lang ans Bett gefesselt (hysterische Abasie-Astasie oder zur Ausheilung gelangte Poliomyelitis?). Gang, Reflexe, motorische Kraft und Entwicklung der Beine sind derzeit tadellos. Dagegen findet sich an der Lendenwirbelsäule eine *lordotische Deformation*. Ängstlicher, hypochondrischer, zu allerlei Klagen über Herz, Lunge und Verdauungsapparat geneigter Mann, der mit einer gesunden Frau seit 7 Jahren in kinderloser Ehe lebt. Spermauntersuchung wird verweigert. Frühmasturbation und Enuresis bis ins 14. Lebensjahr, fast ebenso

lange Stuhlinkontinenz (Mutter an Diabetes gestorben!) werden zugegeben. Bettnässen noch bis vor kurzer Zeit nach stärkerem Alkoholgenuß.

25. Johann R., 39 Jahre alt, Beamter, klagt über Angstgefühle und fast alle 14 Tage auftretende *Kniegelenksschwellungen*, denen Pollutionen und diarrhoische Stuhlentleerungen vorausgehen. Der Zustand besteht seit 12 Jahren und hat anläßlich des Todes des Vaters in Begleitung von Selbstvorwürfen eingesetzt. Ejaculatio praecox seit jeher. Starke Masturbation schon in früher Kindheit, später gehäufte Pollutionen. Enuresis und Stuhlinkontinenz bis zum 10. Jahre. Bis heute besteht große Schlafsucht und ungemein tiefer Schlaf (Minderwertigkeit des Cerebrums). Klagt über andauernde heftige *Schmerzen in der Lendenwirbelsäule und im Kreuzbein*. Die unteren Extremitäten sind im Verhältnis zum Rumpf auffallend kurz. Der Fall stand längere Zeit in meiner Beobachtung. Es handelte sich um intermittierenden Hydrops der Kniegelenke. Die Schwellung trat regelmäßig mit seltenen Ausnahmen alle 14 Tage oberhalb der Patella ein, ergriff alsbald die Kniegelenke und führte zu starkem intraartikulärem Erguß. Nach 4 Tagen war jede Spur der Schwellung verschwunden. Verdacht auf Tabes war leicht zu entkräften. Die Prostata zeigte sich normal. Patient ist ein leidenschaftlicher Tourist.

26. Marta C., 17 Jahre alt, leidet seit frühester Kindheit an Enuresis und *Stuhlinkontinenz*, die sich bis auf den heutigen Tag nicht selten zeigten, durch psychische Beeinflussung jedoch immer eine Zeitlang hintangehalten werden können. Seit jeher ein schlimmes Kind gewesen, zu *Wutausbrüchen* geneigt, in ihrer psychischen Leistungsfähigkeit aber nicht beeinträchtigt. Häufig Blasenkatarrh. *Sprachfehler*. Hat in der frühesten Kindheit sehr schwer und langsam sprechen gelernt. Sehnt sich derzeit, zum Theater zu gehen. *Kein Gaumenreflex*. Leichte *rachitische Skoliose*. Obstipation, Appetitlosigkeit sind häufig. Hat eine Appendizitis und Typhus überstanden. *Couragiertes Mädchen*, das keine Ängstlichkeit kennt. Erste Periode mit 15 Jahren, seither regelmäßig und schmerzlos. In der Familie häufig Enuresis.

27. Wilhelm N., 30 Jahre alt, Buchhalter. Gonorrhöe seit 8 Monaten. Phosphaturie. Klagt über *chronische Obstipa-*

tion, die seit seiner Kindheit anhält. Vater frühzeitig an Lungentuberkulose gestorben. Patient war bis zum 7. Jahre Bettnässer, sein jüngerer Bruder litt längere Zeit an Enuresis und Stuhlinkontinenz. (Anfänglich Stuhlinkontinenz, im späteren Leben Obstipation, ist ein häufiger Befund. Bei der Domestikation der Hunde tritt dieser Fall recht oft ein.)

28. Fritz R., 27 Jahre alt, Kaufmann, klagt über zeitweilige Impotenz und regelmäßige Ejaculatio praecox. Verwachsung des inneren Präputialsackes mit der Glans. Berichtet aus der Kindheit: Schüchternheit, große Angst vor Alleinsein und dunklen Zimmern, langdauerndes Nägelbeißen und Tic der linken Schulter, klonischer Blepharospasmus. Frühzeitige Masturbation. Enuresis bis zum 7. Lebensjahre. Enuresis und Ejaculatio praecox in der väterlichen Linie häufig. Außerdem finden sich beim Patienten noch: leichte *Struma* parenchymatosa, zuweilen Wadenkrämpfe und Krämpfe in den Zehen und Fingern, kein Trousseau, CHVOSTEKsches Symptom positiv. Varicen am Unterschenkel. Obstipation und öfters Kopfschmerz. (Minderwertigkeit der Beine? Lange untere Extremitäten. Passionierter Tourist, Schlittschuh- und Skiläufer.)

29. Dr. Robert S., Jurist, 32 Jahre alt, klagt über psychische Impotenz und *Ejaculatio praecox*. Zeigt Berührungsfurcht und leidet an Kopfschmerzen und Angstzuständen. Enuresis bis zum 12. Jahre, familiär. Naevus pigmentosus über dem Scheitel der Blase.

30. Leopold M., 23 Jahre alt, klagt über unmotiviert auftretende Angst, Unfähigkeit zur Arbeit und Kopfschmerzen. *Ejaculatio praecox* und Spermatorrhöe. Schlaffer Sphinkter. Keine gonorrhoische Infektion (ebensowenig in den obigen Fällen, wenn eine solche nicht angegeben ist). Leugnet Frühmasturbation und Enuresis, gibt letztere aber als familiär an.

31. Leo T., Beamter, 34 Jahre alt, klagt über häufig auftretende Schmerzen in der Gegend des linken Sprunggelenkes (rheumatischer Natur), über Reizbarkeit, Mattigkeit und heftige Schweißausbrüche. Mehrmalige Harnanalyse ergibt nur Phosphaturie. Die Frage nach *Ejaculatio praecox* wird bejaht. Ebenso die nach überstandener Enuresis.

32. Martin R., Kaufmann, 33 Jahre alt, klagt über häufiges Magendrücken, Aufstoßen, Appetitlosigkeit und erhöhte Reizbarkeit. Die Untersuchung ergibt kein positives Resul-

tat. Sexualverkehr sehr selten. Dabei *Ejaculatio praecox.* Häufig Masturbation (im ursächlichen Zusammenhang mit der Magenneurose) und Pollutionen. Enuresis bis zum 8. Lebensjahr. Der gleiche Kinderfehler bei allen Brüdern und der einzigen Schwester. Letztere ist in einer 10jährigen Ehe kinderlos geblieben.

33. Max S., 26 Jahre alt, Schriftsteller, klagt über heftige Angstzustände und Herzklopfen sowie über schmerzhafte Sensationen in der Genitalgegend. Hat vor 2 Jahren eine schwere Urethritis durchgemacht. Objektiver Befund negativ. Gibt an, daß er an gehäuften Pollutionen und Ejaculatio praecox leide. Sphinkterkrampf bei Einführung der Sonde. Gibt nach längerem Zögern Enuresis bis zum 8. Lebensjahre zu. Vater im 48. Lebensjahre an Herzschlag, mitten im besten Wohlbefinden gestorben (Nephritis?).

34. Dr. Rudolf S., 38 Jahre alt, führt seine derzeit geheilte Ejaculatio praecox auf Gonorrhöeinfektion zurück. Enuresis zugegeben. Urinspiele in der Kindheit, Feuerlöschen etc.

35. Rudolf W., Fabrikant, 26 Jahre alt, klagt über Mattigkeit, Schwindel und Kopfdruck. Objektiver Befund negativ. Das Examen fördert das Geständnis von sexueller Schwäche, psychischer Impotenz, alternierend mit Ejaculatio praecox zutage. Überhitzte sexuelle Phantasie. Leugnet Enuresis für seinen Teil, gibt sie für seinen Bruder zu. In den nicht seltenen Pollutionsträumen *träumt er vom Urinieren.*

36. Max B., Beamter, 33 Jahre alt; hühnereigroße Lymphdrüsenschwellung, davon gut abzutrennen mehrere kleine Schwellungen in der linken Hüftbeuge. Vor einem Jahr Lues. Seither kein Ulcus, keine periphere Verletzung. Bauchorgane und Wirbelsäule intakt. Doppelseitiger Lungenspitzenkatarrh, Urinbefund normal. Neurofibrom in der Gegend der linken Niere. Meine daran anschließende Frage nach Enuresis wird bejaht, ebenso die nach Ejaculatio praecox. (Minderwertigkeit der unteren Segmente, Lokalisation von Tuberkelbazillen in der Inguinaldrüse?) Überaus lange Beine, dürftiger Rumpf. *Träumt häufig von Wasser und Feuer.*

37. Max Sch., Beamter, 38 Jahre alt, klagt über Angstzustände, Herzklopfen, zeitweilige Anfälle von Bewußtlosigkeit. Häufig *Schwimmträume.* Frage nach Enuresis wird bejaht.

38. Paula D., 37 Jahre alt, Kaufmannsfrau, *halluziniert* während eines Typhus, daß das Haus brenne und man die Kinder retten müsse. Eine sonst mutige Frau, gerät sie jedesmal in ungeheure Angst, sobald sie das *Feuerwehrsignal* hört. Familiäre Enuresis.

39. Sophie L., 32 Jahre alt, Beamte, leidet seit ihrem 12. Lebensjahre an Angstvorstellungen, Platzangst, schreckhaftem Aufschreien des Nachts. Träumt oft vom Feuer und Regen, der sie durchnäßt. Enuresis bis zum 11. Lebensjahre.

40. Alexander H., 22 Jahre alt, leidet seit Kindheit an Kopfweh, Müdigkeit, Schwindel, *Stottern* und an *Angst- und Zwangsvorstellungen*. Eine seiner Zwangshandlungen besteht darin, daß er sich oft mit den schmutzigen Schuhen ins Bett legte, »trotzdem« er sich klar darüber war, das reine Bett, auf das seine Mutter sehr viel Gewicht legte, zu beschmutzen. Diese Zwangshandlung trat auf, als er die Enuresis (um das 10. Jahr) überwunden hatte, zu einer Zeit, wo er sich im starken Gegensatz zu seiner Mutter befand. Liebt es, stundenlang ins Feuer zu sehen. Schwimmträume, sexuelle Frühreife.

41. Johanna H., 44 Jahre alt, klimakterische Beschwerden. Leidet seit längerer Zeit an *Angst- und Zwangsvorstellungen* und Platzangst. Gelegentlich der Analyse einer Zwangshandlung taucht der Verdacht auf infantile Enuresis auf, die Patientin für sich leugnet, für ihren Bruder zugibt.

42. Dr. Max P., 27 Jahre alt, klagt über Angst und Erregung, die ihn jedesmal nach dem Sexualverkehr befällt. Bei versuchter Abstinenz treibt es ihn aus dem Hause, durch die Gassen und Straßen, bis er wieder zu Prostituierten flüchtet (Wanderneurose). Häufige Pollutionen. Ejaculatio praecox. Mehrfache Minderwertigkeitssymptome. Enuresis bis zum 12. Jahre. Ungemein ehrgeiziger, sehr begabter Mensch. Andeutung von Spina bifida sacralis, Naevus pigmentosus in der rechten Hüftbeuge, mehrere Hämangiome unterhalb der linken Nierengegend. Segmentale Minderwertigkeit. Patient versuchte, sein Leiden durch angestrengte »Touristik« zu bessern. Siehe auch oben das triebartige Laufen durch die Straßen. Die mütterliche Linie weist mehrere Psychosen auf.

43. Alexander E., 33 Jahre alt, mit hypochondrischen

Anwandlungen seit der Pubertät, klagt über plötzlich auftretende Angstzustände und Furcht vor einem drohenden Unglück. Vergeßlichkeit, Unlust und Unfähigkeit zur Arbeit. Frühzeitige Masturbation, die bis in die letzte Zeit fortgesetzt wird. *Bakteriurie*. Schlaffer Sphinkter. Enuresis bis zum 8. Lebensjahre.

44. Julius N., Gelbgießer, 33 Jahre alt; Anwandlungen von *Suicidideen, Beeinträchtigungsideen*, Unfähigkeit zur Arbeit wegen eintretenden Kopfschmerzes und Schwindels. Seit einem Jahre sexuelle Impotenz. War frühreif und litt bis zum 12. Lebensjahre an Enuresis. Starke Neigung zu religiösen Vorstellungen stand in Beziehung zu sexuellen Motiven aus seiner Kindheit. Homosexuelle Neigungen.

45. Moritz Sch., 40 Jahre alt, Kaufmann, klagt über plötzlich auftretende *Angstzustände* im Haus, im Geschäft, auf belebten Straßen. Dabei Schwächegefühl in den Beinen und Schmerzen im Kreuz. Furcht vor Schlaganfall und Tabes. Gibt zeitweilige Impotenz an. Teilweise Verwachsung der Glans mit dem inneren Präputialblatt. Enuresis bis zum 12. Jahre. Zeitweise Spuren von Albumen im Urin. Vater mit 50 Jahren an Herzschlag gestorben. Neurosen bei mehreren Geschwistern. Trieb eifrig Ruder- und Schwimmsport. Beine für den kolossal entwickelten Rumpf zu kurz.

46. Otto St., 13 Jahre alt, Gymnasiast, hat im Anschluß an Pertussis mehrere Anfälle gehabt, in denen er keuchend und *mit den Beinen zappelnd*, mit angstverzerrten Zügen im Bett oder im Zimmer herumsprang, sich losriß, wenn man ihn halten wollte, bis er sich endlich nach etwa 10 Minuten beruhigte. Seine Erinnerung an den Anfall war nicht völlig verlöscht, er wußte, daß »mit ihm etwas vorgegangen« sei. Zumeist ließ sich ein Zusammenhang dieser Anfälle mit unerfüllten Wünschen nachweisen. War stets ein wilder Knabe, der mit seiner Stiefmutter in Hader lebte. Enuresis bis auf den heutigen Tag, zuweilen Pavor nocturnus.

47. Leonore B., 20 Jahre alt, begann mit 7 Jahren zu »zappeln«, d. h. sie hatte Anfälle, in denen sie *mit den Beinen Bewegungen vollführte, wie Kinder, wenn sie eine volle Blase haben*. Dazu schlenkerte sie mit den Armen und verdrehte den Rumpf. Zum Schlusse eilte sie aufs Klosett und verriegelte die Tür. Später kamen Anfälle von Bewußtlosigkeit hinzu, für die angeblich völlige Amnesie bestand.

Da diese Anfälle auch im Schlafe auftraten, zeitweilig mit Urinabgang verbunden waren, ferner Erweiterung und Reaktionslosigkeit der Pupillen im Anfall zu konstatieren war, so wurde Patientin vielfach als Epileptikerin angesehen und demgemäß, allerdings erfolglos, mit Brom behandelt. In der Psychoanalyse erst konnte man die psychische Bedingtheit der Anfälle nachweisen, die eine Kontinuität mit Ereignissen des Tages zeigten, insbesondere eine der Mutter feindliche Tendenz erkennen ließen und in ihrer gedanklichen Ausprägung und Übersetzung häufig Beziehungen zum Klosett enthüllten. In ihre früheste geistige Entwicklung spielte die Enuresis ihrer Geschwister hinein, der sie trotz der gleichen Veranlagung – einige Male hatte auch sie Schiffbruch gelitten – durch die Rivalität mit dem Bruder und die eiserne Strenge ihrer Mutter entrann, um später, durch das Hinzutreten sexueller Frühreife, in der Neurose die ursprüngliche Minderwertigkeit erkennen zu lassen. Der Vater zeigt Harnstottern und Nukleoalbuminurie, die Mutter stammt aus einer enuretischen Familie. Patientin hat deutliche homosexuelle Neigungen und weist eine leichte Skoliose im unteren Abschnitt der Brustwirbelsäule auf.

48. Johann E., 13 Jahre alt, wurde *straffällig*, als er eines Nachts im somnambulen Zustande ein Messer ergriff und auf den schlafenden Vater losging. Enuresis bis auf den heutigen Tag. War als Kind sehr ängstlich und fürchtete sich vor Alleinsein und Dunkelheit. Häufig Aufschreien im Schlafe, öfters Nachtwandeln ohne Erinnerung nach dem Aufwachen. Schlaftrunkenheit beim Erwecken, schwer zu ermuntern. Mit 6 Jahren zur Masturbation, mit 10 Jahren zum Koitus verleitet. Starke religiöse Stimmung. Lief häufig vom Hause davon, hatte große Vorliebe für Indianerromantik und konnte sich dem Zwang der Schule nicht fügen.

49. Jakob K., 16 Jahre alt, Lehrling, wurde *straffällig*, als er bei seinem Meister einen Diebstahl vollführte. Bis vor zwei Jahren Enuresis. Frühreif. Hatte schon zahlreiche Hausdiebstähle hinter sich und war etliche Male durchgebrannt, um sich obdachlos in den Gassen herumzutreiben.

50. Leopold W., 14 Jahre alt, Musiker, war wegen *Diebstahls* von Instrumenten angeklagt, deren Erlös er in unvernünftiger Weise verbrauchte. Bis zum 10. Jahre Enuresis und Stuhlinkontinenz, derentwegen er harte Prügel abbe-

kam. Wurde im 11. Jahre von der Tramway überfahren und litt seither öfters an plötzlich auftretendem Schwindel, der ihn zumeist auf der Gasse überfiel. Seit derselben Zeit bekam er zeitweise Anfälle von Bewußtlosigkeit, die eine psychische Genese nicht erkennen ließen. Ärztlicherseits wurde kein Anfall beobachtet. Während der Strafuntersuchung, die er auf freiem Fuß durchmachte, ließ er sich zu einem zweiten Diebstahl verleiten und wurde verurteilt. Als er das Gefängnis verlassen hatte – unterdes weitere Anfälle –, vergriff er sich bald wieder an fremdem Gut. Es war nach dem ganzen Bild des Menschen – Mangel zureichender Kompensation im minderwertigen Gehirn, durch die wahrscheinlich epileptischen Anfälle, durch die unsinnige Verwendung der gestohlenen Instrumente, durch die mangelhafte geistige Entwicklung und leichte Verleitbarkeit zum Diebstahl erweisbar – nicht allzu schwierig, nach dem ersten Diebstahl den zukünftigen Gewohnheitsdieb in ihm zu erkennen, als der er sich bald genug herausstellte.

Namen- und Sachregister

Abasie 109, 118
Aberglaube 111
Abstinenz (sexuelle) 122
Abulie 114
Affekt 96
Alkoholismus 41, 82
Amnesie 99
Angst (—anfälle, —lichkeit, —neurose, —zustände) 52, 58, 88, 91, 110 ff, 117, 119 ff
ängstliche Kinder 91
Anpassungsfähigkeit 56
Ansprüche (Beanspruchungen) 92
Aphasie 118
Aphonie 74
Arbeitsunfähigkeit 120, 123
Astasie 109, 118
Audition colorée 100
Aufmerksamkeit 56, 90, 98, 104, 109
Aufregung 47, 62, 96, 102, 116 f
Autoerotismus 111

Baden 110
Bechterew, Wladimir 109
Beethoven, Ludwig van 57, 94
Berührungsfurcht 120
Berufe 73 f
Berufsmensch 101
Berufswahl 47, 94
Beschäftigungskrankheit (—krampf) 76, 100
Bettnässen (s.a. Enuresis) 40 ff, 50, 64, 66, 84, 119
Bewußtlosigkeit 47, 80, 116, 121, 125
Binnen-Aufmerksamkeit 109
blinzeln 50
Bootfahren 110
Bruckner, Anton 68, 94

Darmneurosen 74
Darwin, Charles 92
Dauerredner 78
Daumenlutschen (—er) 50, 58, 80
Degeneration 90
Demenz 89
Demosthenes 51, 94
»Deutsche Mythologie« 101
Diabetiker 79
Diebstahl 125
Domestikation 37, 50, 89

Empfindungen 99
Enttäuschung 92
Entwicklung 93
Enuresis (—tiker, —isch) 41, 47, 75, 92, 97, 100, 106 ff, 110 f, 118, 121 f
Epilepsie 40, 82 ff, 89, 100, 110, 112, 118, 124 f
Erinnerungen (—sbilder) 98
Erkrankung 92
erogene Zonen 48
Ersatzbildung 101
Erschöpfungszustand 32
Erziehung 92, 111
Exhibitionismus 111 ff

Feigheit 111
Feuer 92, 110, 117 ff, 122
Freud, Sigmund 91 ff, 101, 107 ff, 111
Frühmasturbation 88, 100, 111, 116, 118, 120
funktionale Mängel 51
Furcht 123

Gedächtnis (—leistungen) 98
Gedächtnisschwäche 99
Gehfähigkeit 50
Gehörminderwertigkeit 68
geniales Hören 68
Genialität, Genie 40, 90, 99, 101, 112
Gereiztheit 112
Gesamt-Psyche 109
Gesangskomiker 60
Gewohnheitsdieb (—Verbrecher) 111, 125
Gourmand 82, 95
Grimm, J. u. W. 103

Halluzination 99, 113
Harnentleerung (—sdrang) 93, 109
Herumtreiber 124
hervorragende Eigenschaften 49
hochbegabt 112, 116
Homosexualität 111, 117, 123 f
Hygiene 49
hypnotische Therapie 98
Hypochondrie 88, 112, 118, 122
Hysterie (—iker, —isch) 41, 44, 47, 53, 61, 63, 74, 80 f, 88, 91, 100 f, 109, 112, 118

Idiotie 93, 109, 112
Imbezillität 93
Impotenz 112, 118
Inspiration 99
Instrumentenbläser 73
Intelligenz 28
Interesse 73, 90
Introspektion 99
Intuition 99

jugendlicher Verbrecher 111 f

Kinderfehler 50 f, 53, 58, 71, 73 ff, 81, 91, 93 ff, 99 f, 106, 109 ff, 121
Klaviervirtuose 95
Köchin 72, 82, 95
kompensierend 75
Komponisten 68
Konversion 101
Konzentration 56, 104
Kopfdruck 121
Kotabgang 64
kouragiert 119
Krampf 100
kritische Fähigkeit 99
Künstler (—isch, —tum, —leben) 53, 56, 74, 95, 101
Kultur (—mäßig, kulturell) 50 f, 91 ff, 95, 109, 111 f

Lähmung 99, 118
Lenbach, Franz von 95

lernen 109
Lernunfähigkeit 112
lichtscheu 82
Liebhaberei 94
Lippensaugen 58
lispeln 58, 61
Lombroso, Cesare 95
Luft 93
Lustgewinn 50, 91, 93, 100

Magenneurose 64, 74, 77
Maler 82, 95
Manie 89
Masturbation 119 ff
Mattigkeit 120 f
Mehrleistung 29
Migräne 62
Milieuwechsel 92
Mobilisierung 56
moralisch 40, 92 ff
Moses 94
motorische Entladung 99
Mozart, Wolfgang A. 57, 94
musikalische Begabung 57
Musiker 95
Mut 110, 122

Nachtwandeln 110, 124
Nägelbeißen 120
Neurasthenie 91, 112, 118
Neuropsychose 38, 89, 98 f, 111
Neurose, Neurotiker 38, 42 f, 48, 51, 58, 61 ff, 79, 81, 89 f, 92, 98, 109, 111, 123 f

Oboenbläser 82

Paranoia 112 f
Paul, Jean 110
Pavor nocturnus 110, 113, 115, 117, 123 f
Perversion 89
Platzangst 122
Prüfung 96
Psyche 54, 73, 75, 93 f, 98 f, 101, 109
psychische Entwicklung 93
psychische Therapie 98
Psychoanalyse 92, 101, 111, 124
Psychogenese 38, 89 f
psychomotorische Sphäre 75
Psychoneurose 101
psychophysischer Kontrast 93
psychophysischer Parallelismus 93
Psychosen 79 f, 122

Querulant 117

Raucher 82
Redner 58, 73, 82, 95
Reizbarkeit 120
religiöse Phantasien, Vorstellungen, Stimmungen 111, 123 f
Rudersport 114, 123

Sänger (—in) 58, 73, 82, 95
Schauspieler 78, 95
scheu 111
Schlafbedürfnis (—sucht) 110, 119
Schlaflosigkeit 117
Schlaftiefe 110
Schlafwandeln 115
Schlittschuhläufer 120

Schreck 76
Schreibkrampf 76, 100
Schreikrampf 74
schüchtern 116, 120
Schule 110
Schumann, Clara, Robert 94
Schwimmen (—lehrer, —sport, —traum) 92, 114, 117, 121 ff
Schwindel 121 ff
Sehorgan 78
Selbstvorwürfe 119
Selektion 92
sexuelle Frühreife 100
Shakespeare, William 105
Singstimme 59
Sinnlichkeit 50 f
Skilaufen 120
Somnambulie 124
soziale Lage 49
Spiel 105
Sport 114
Sprachfähigkeit 50
Sprachfehler 58, 61, 67, 76 f, 80 f
stottern 50 f, 58 f, 122
Stuhlentleerung 93
Sünde 111

Tic 99, 120
Tourist 119 f, 122
Training 56, 104, 112
Träume 92, 97, 109 f
Trauma 92
Treue 96
Trompetenbläser 82
Trunksucht 40

Übelkeit 52
Überarbeit 32
Überbau 73
Überkompensation 78
Überleben 104
Übertigkeit 94, 99
Unaufmerksamkeit 28
unerfüllte Wünsche 123
unkulturelle Triebe 111
Urindrang 52
Urinspiel 121
Urteilsvorgänge 99

Verblödung 40
Verbrecher 40
Verdrängung 91, 93, 101
Vergeßlichkeit 123
Verstimmung 118
Volksgeist 101

Wachstumsanstrengung 112
Wallungen 52
Wanderneurose 122
Waschzwang 117
Wasser (—scheu) 92, 110
weglaufen 124
Willensvorgänge 99
Wunscherfüllung 110
Wut (—anfall) 117, 119

Zärtlichkeitsbedürfnis 110, 113
zeichnerische Fähigkeiten 78
Zwangsneurose (—handlung, —vorstellung) 88, 91, 110, 112, 122

Funk-Kolleg

Beratung in der Erziehung
Band 1 und 2. Hg.: R. Bastine,
W. Hornstein, H. Junker,
Ch. Wulf (6346/6347)

Erziehungswissenschaft
Eine Einführung in drei
Bänden. Autoren: W. Klafki,
G. M. Rückriem, W. Wolf,
R. Freudenstein, H.-K. Beckmann, K.-Ch. Lingelbach,
G. Iben, J. Diederich. Originalausgabe (6106/6107/6108)

Pädagogische Psychologie 1 und 2
Autoren: F. E. Weinert,
C. F. Graumann, H. Heckhausen, H. Hofer (6115/6116)

Reader im Funk-Kolleg Pädagogische Psychologie
Band 1: Entwicklung und Sozialisation. Hg.: C. F. Graumann, H. Heckhausen.
Originalausgabe (6113)
Band 2: Lernen u. Instruktion.
Hg.: M. Hofer und F. E. Weinert.
Originalausgabe (6114)

Biologie
Systeme des Lebendigen.
Hg.: D. Todt (6291/6292)

Mathematik 1 und 2
Hg.: H. Heuser, H. G. Tillmann.
Originalausgabe (6109/6110)

Literatur
Reader 1 und 2.
Hg.: H. Brackert, E. Lämmert,
J. Stückrath.
Originalausgabe (6324/6325)

Sprache 1 und 2
Eine Einführung in die
moderne Linguistik. Wissenschaftliche Koordination:
K. Baumgärtner, H. Steger.
Originalausgabe (6112)

Rechtswissenschaft
Hg.: R. Wiethölter.
Neuausgabe (6103)

Soziologie
Hg.: W. Rüegg.
Originalausgabe (6105)

Sozialer Wandel
Hg.: Th. Hanf, M. Hättich,
W. Hilligen, R. E. Vente
(6117/6118)

Volkswirtschaftslehre
Hg.: Karl Häuser.
Originalausgabe (6101)

Wissenschaft und Gesellschaft
Einführung in das Studium
von Politikwissenschaft /
Neuere Geschichte / Volkswirtschaft / Recht / Soziologie.
Hg.: G. Kadelbach.
Originalausgabe (6100)

FISCHER TASCHENBÜCHER